히가시카와 스타일

Higashikawa Style

다마무라 마사토시 · 고지마 도시아키 편저

민성원 옮김

小花

Higashikawa Scape

히가시카와의 생활을 만드는 풍경들

Higashikawa Scape 01

대자연과 함께 있는 마을

표고 2,291미터, 홋카이도 최고봉 아사히다케 기슭에 히가시카와초가 있다.
장대한 자연에 안겨 생활하는 8천 명의 주민.
그들의 활동은 풍요로운 생태계처럼
서로 영향을 주고받고 더불어 생존하며 진화해 가고 있다.

Higashikawa Scape 02

모든 주민이 지하수로 생활하는 마을

히가시카와에는 상수도가 없다.
수도를 틀면 오랜 세월 대지가 키워온 천연 미네랄워터가 나온다.
매일 그 물을 마시며 모든 생활수로 아낌없이 사용한다.
이런 호사를 누리는 것이 이곳에서는 당연한 일이다.

Higashikawa
Scape 03

논이 드넓게 펼쳐지는 마을

히가시카와 사람들은 전원 풍경의 변화에서 계절을 읽는다.
초여름에는 막 물을 댄 논이 거울처럼 석양을 비추고
가을에는 고개를 떨군 벼가 온통 황금빛으로 물든다.
아름다운 경치가 일상과 함께 있다.

Higashikawa Scape 04

고품격 카페와 상점이 자생하는 마을

마을 여기저기에 있는 쾌적한 공간은
이익과 효율을 중시하는 경제활동보다는
자신다운 표현을 추구하는 라이프 스타일의 연장선상에 있다.

Higashikawa
Scape 05

탈공무원 발상,
협동의 마을

마을의 행정은 경영 감각이 뛰어나 독특한 사업과 시책을 다수 펼치고 있다.
다양한 주체와의 협력으로 새로운 마을의 모습을 모색한다.
바로 거기에 미래 사회의 싹이 있다.

머리말

이 책은 미래의 마을과 사회를 생각한 '마을 만들기 안내서'이다. 미래는 이미 어딘가에서 싹을 틔우고 있으며, 그 싹은 사람들이 영향을 주고받으며 함께 공동창조(co-creation)를* 하면서 키워 온 것이다. 이 책은 사람들이 만들어 가는 미래의 마을과 사회를 생각하기 위한 안내서이다.

이 책에서는 홋카이도 한가운데에 있는 인구 8천 명의 마을 히가시카와초를 다룬다. 히가시카와초는 인접한 아사히카와시에서 차로 약 25분(15km), 아사히카와 공항에서는 약 10분(5km) 거리에 있으며, 다이세쓰잔 국립공원 기슭에 펼쳐지는 넉넉한 자연과 전원 풍경의 혜택을 입은 곳이다. 가미카와 분지에 위치하여 한난의 차가 커서 여름에는 덥고, 겨울은 긴 데다 영하 20도 이하로 내려가는 날도 있다.

홋카이도에는 이런 마을이 드물지 않다. 하지만 '어디에나 있을 법한' 마을 히가시카와초에는 궁금한 점이 여러 가지 있다.

히가시카와초는 20여 년 사이에 홋카이도 내에서뿐 아니라 일본 국내외에서 온 이주민 덕에 인구가 14퍼센터가량 증가했다. 이 마을 사람들 중에는 Life 안에 Work를 가진다는 자연스러운 라이프 스타일을 소중하게 여기는 사람이 많다. 또한 인구 8천 명인 마을에 60여 개에 이르는 개성 있는 카페, 음식점, 베이커리, 상점, 공방이 있으며 각각 '작은 경제'가** 이루어지고 있다.

* 공동창조 co-creation
서로 다른 입장의 사람 혹은 단체가 소통하고 협력하여 새로운 상품, 서비스, 가치 또는 가치관 등을 만들어 내는 것을 이른다. 최근에는 비즈니스 전략에서 중요한 개념으로 대두하고 있다. 예를 들어 상품의 디자인이나 생산 과정에 소비자 또는 협력 관계 기업이 참여하여 상품을 개발·개선하거나 혁신을 이루어 새로운 가치를 창출해 내는 것이 공동창조이다.

** 작은 경제 small business
중소기업·소상공업·자영업 등 소규모 기업을 아우르는 말이지만, 최근 창업 열풍과 더불어 신기술과 아이디어를 가진 스타트업(신생 기업)의 의미가 더해지면서 '작지만 전문성과 창의성을 갖춘 혁신 친화적 기업'을 지칭하는 말로 폭넓게 사용되고 있다.

ROSSIGNOL
BLIZZARD
DYNASTAR
OPEN
ELAN
RC
Kazama

사람들의 라이프 스타일과 작은 경제가 결부되어 마을을 활성화하는 풍요로운 생태계가 형성되어 있다.

히가시카와에는 일반적인 공무원다움이 아닌 주민센터• 직원의 '스타일'이 있으며 자연스럽게 생활하는 주민의 '스타일'이 있다. 또한 주민, 기업, NPO,•• 상공회, 일본농업협동조합 등 다양한 주체가 각각 저'다움'을 추구하며 당연하게 서로 영향을 주고받는 '스타일'이 있다.

이 책에서는 히가시카와의 마을과 사회에서 느낄 수 있는 '일상', 다시 말해 히가시카와에서는 너무나 당연한 것이 되어 있는 '스타일'을 힌트로 미래 사회의 가치기준(standard)이 될 만한 요소를 40개 뽑아 설명해 가겠다.

이 책은 「Life & Work 작은 경제 생태계 : 자연스러운 스타일로 생활과 지역을 만든다」와 「Public & Commons 공감과 공동창조가 성장시키는 '다움' : '나의 일, 모두의 일, 사회의 일'이라는 선순환」의 2부로 구성되어 있다.

히가시카와에서 성장해 온, 자신들의 원칙을 지키면서 무리하지 않는 자연스러운 삶의 방식(Life)과 일하는 방식(Work)에는 다가올 시대의 힌트가 있다. 이 책 전반의 「Life & Work」에서는 자연스러운 스타일로 생활과 지역을 만들어 온 사람들의 행동과 작은 경제 생태계가 시사하는 바를 살펴본다.

• 주민센터
원서에는 정장(町長) · 촌장(村長) 등의 공무원이 사무를 보는 관공서를 뜻하는 야쿠바(役場)로 쓰여 있다. 일본의 기초 행정단체는 시 · 정(町. 마치 또는 초) · 촌(村. 손 또는 무라)인데, 히가시카와는 행정단위상으로는 '정'이므로 독자의 이해를 위해 정과 흡사한 우리나라의 행정단위인 동에 있는 주민센터로 바꾸었다.

•• NPO, non-profit organization 또는 not-for-profit organization
넓은 의미로는 비영리단체 · 비영리민간단체 · 비영리기관이며, 좁은 의미로는 비영리 사회공헌 활동 또는 자선활동을 하는 시민단체이다.

히가시카와에서는 개인과 단체가 '나의 일'로서 자발적으로 활동할 뿐 아니라 '나의 일, 모두의 일, 사회의 일'이라는 선순환이 생겨나고 지역 전체에서 Public(행정)과 Commons(공유자원)가 꾸준히 공동창조되고 있다. 후반의 「Public & Commons」에서는 '히가시카와다움'을 형성해 온 마을 만들기의 실천이 시사하는 바를 살펴본다.

이 책은 독자들이 히가시카와라는 지역과 그곳에서 살아가는 사람들과 그 스타일을 이해하는 계기가 되고, 나아가 자신의 생활과 일의 미래를 생각하는 힌트가 될 수도 있다. 또한 히가시카와에서 실천해 온 시책과 사업, 마을 만들기 대책은 자신들의 마을의 미래를 모색하는 힌트가 될 수도 있다.

현재진행형인 마을과 사회의 활동, 현재로 이어지는 과거의 활동의 축적에서 미래의 마을과 사회를 생각해 본다. 이 책을 손에 들고 이런 사고의 여행을 시작해 보기 바란다.

그럼 이제 히가시카와 스타일의 여행을 떠나 봅시다.

2016년 3월

다마무라 마사토시

DISTANCE Scale 1

From Asahikawa Airport

아시아, 일본의 주요 도시로,
세계와 가까운 마을

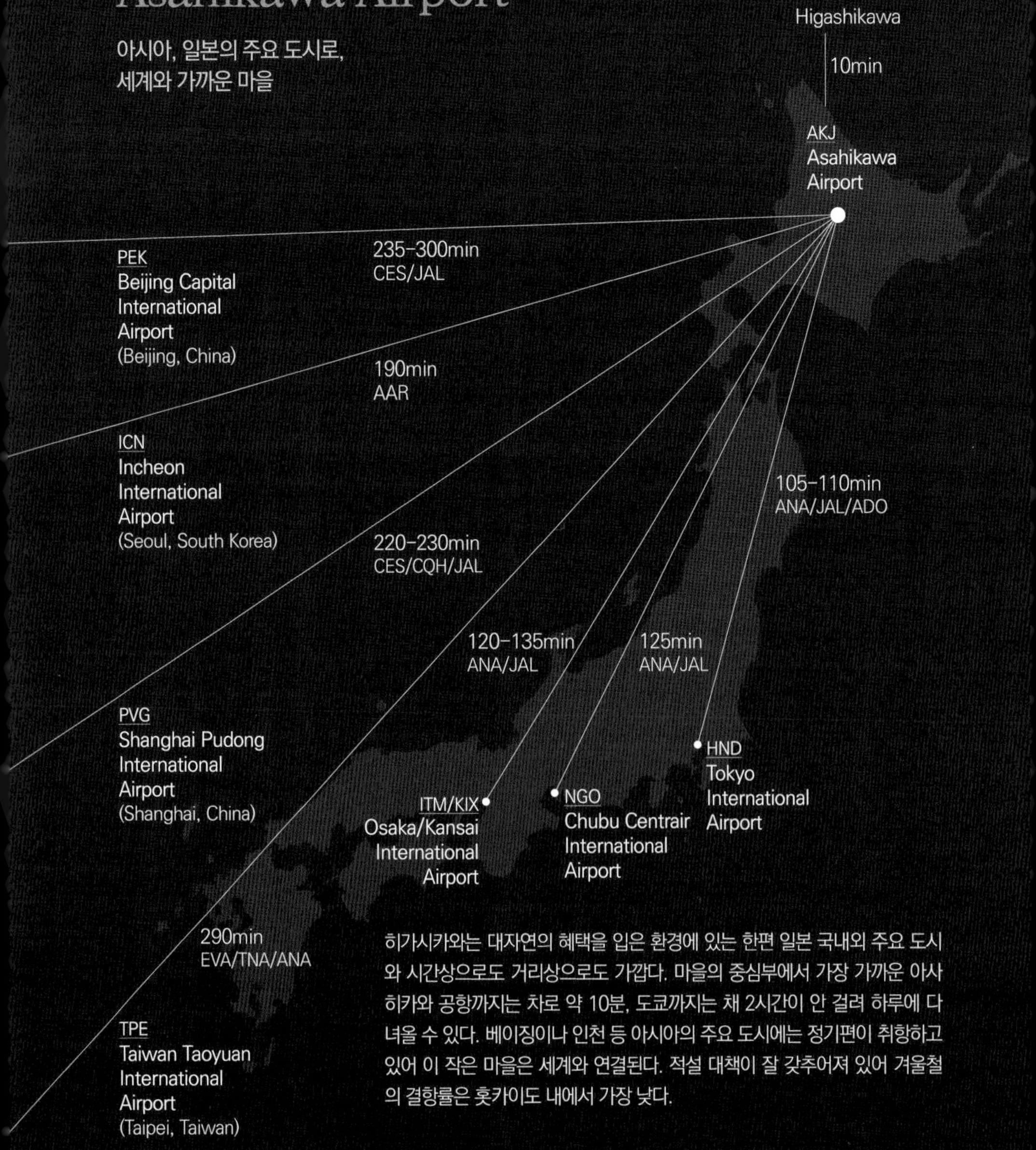

히가시카와는 대자연의 혜택을 입은 환경에 있는 한편 일본 국내외 주요 도시와 시간상으로도 거리상으로도 가깝다. 마을의 중심부에서 가장 가까운 아사히카와 공항까지는 차로 약 10분, 도쿄까지는 채 2시간이 안 걸려 하루에 다녀올 수 있다. 베이징이나 인천 등 아시아의 주요 도시에는 정기편이 취항하고 있어 이 작은 마을은 세계와 연결된다. 적설 대책이 잘 갖추어져 있어 겨울철의 결항률은 홋카이도 내에서 가장 낮다.

DISTANCE Scale 2

From the Center of Higashikawa

도시와 대자연이 바로 곁에.
도시와 대자연의 장점을 지닌 마을

히가시카와는 홋카이도의 거의 중앙에 위치하고 있어 각지로의 접근이 용이하다. 도시와 자연의 적절한 거리감 역시 특징이다. 홋카이도 내 2위, 간토 이북 4위의 인구 약 35만 명을 거느린 중핵 도시 아사히카와(역 앞)까지는 차로 약 25분, 홋카이도 내에서 손꼽히는 자연환경을 자랑하는 아사히다케(다이세쓰잔 국립공원)는 약 30분 거리에 있다.

NUMBERS of Higashikawa

히가시카와에 관련된 숫자 이것저것

0

A 상수도 보급률 0% / 국도 0 / 철도 0

-29.3°

B 관측사상 최저기온(1978년 2월 17일)

2.3m

C 동절기 강설량

226,761ha

D 다이세쓰잔 국립공원 면적

6,600t

E 다이세쓰 아사히다케 수원의 1일 용수량

6,973 → 8,105

F 인구 증가 도시 6,973명(1994년 3월) → 8,105명(2015년 12월)

A 풍요로운 수자원의 혜택을 입어 홋카이도 내 유일, 일본 전국에서도 몇 안 되는 상수도가 없는 마을. 모든 주민이 다이세쓰잔의 지하수로 생활한다. / B 가미카와 분지에 위치하여 한난의 차가 크지만, 바람은 온화하고 공기는 건조하다. / C 홋카이도 내에서도 강설량이 많은 지역이다. / D 다이세쓰잔 국립공원은 일본 최대의 국립공원. 도쿄도보다 면적이 크다. / E 환경성 선정 '헤이세이의 명수 1백 선'. 미네랄이 풍부해서 커피에 잘 어울린다고 평판이 나 있다. 멀리에서 물을 뜨러 오기도 한다. / F 1950년 인구 1만 754명을 정점으로 감소가 이어졌으나 증가세로 전환.

30%

G 히가시카와초에서 생산되는 아사히카와 가구의• 비율

1

H 일본 유일의 공립 일본어학교

1,000,000

I 연간 관광객 수

5,929

J 마을의 '주주'•• 총수(2015년 12월)

1,819

K 사진고시엔••• 참가 고등학교 총수

38,000

L 히가시카와초 국제 사진 페스티벌 방문자 수

G 갤러리, 공방 등이 있는 크래프트거리가 있다. / H 외국인을 흔하게 볼 수 있다는 것 역시 히가시카와다움이다. / I 대자연을 만나기 위해 또는 점심을 즐기기 위해 아사히카와에서 찾아오는 사람들도 있다. / J 마을 밖 서포터가 마을의 사업에 투자할 수 있는 '주주제도'가 있다. 고향납세••••시스템을 응용. / K 일본 전국의 고등학생이 카메라를 들고 열전을 펼친다. / L 1985년부터 매년 개최. 지금은 '히가시카와 포토페스타'라는 애칭으로 친숙하다.

• 아사히카와 가구
홋카이도 중앙부에 있는 아사히카와시를 중심으로 인근의 히가시카와초, 히가시카구라초 일대에서 생산되는 가구의 총칭. 아사히카와 근교에는 다이세쓰잔의 원시림이 있어 양질의 목재 자원이 풍부하다. STANDARD 36 참고.

•• 주주
STANDARD 30 참고.

••• 사진고시엔
일본 전국의 고교생을 대상으로 하는 사진대회. 일본 고교 야구의 상징적 존재인 고시엔(甲子園) 야구장의 이름을 따왔다.

•••• 고향납세ふるさと納税
고향이나 응원하고 싶은 지방자치단체에 기부하는 일본의 제도. 소득세와 주민세를 공제받을 수 있고 기부금의 사용처를 지정할 수도 있다.

CONTENTS

02 Public & Commons 공감과 공동창조가 성장시키는 '다움' — '나의 일, 모두의 일, 사회의 일'이라는 선순환

일러두기 본문 중의 * 표시는 지은이 주이고, • 표시는 옮긴이 주이다.

ashikawa Style

WATERMAN
iSUP
WATERMAN
iSUP
NO
BIRD

01 Life & Work

작은 경제의 생태계
—자연스러운 스타일로 생활과 지역을 만든다

인구 감소 시대를 맞아 적지 않은 지방자치단체가 소멸 위기에 직면한 가운데
지속적으로 인구가 증가하고 있는 히가시카와.
다양한 주체가 서로 영향을 주고받으며 '히가시카와다움'이라는 공통의 가치가,
쉼 없이 자생적으로 만들어진 라이프 스타일이
사람들을 매료하고 끌어모은다. 그 '작은 경제'의 생태계를 소개한다.

Life & Work

작은 경제의 생태계 ―자연스러운 스타일로 생활과 지역을 만든다

철도, 국도, 상수도의 세 가지 '도'가 없다고 일컬어지는 히가시카와초는 언뜻 생활하기에 적합하지 않고 아무것도 없는 평범한 시골 마을이라는 인상을 준다. 그러나 마을을 걷고 사람들과 이야기를 나누고 카페에서 커피를 마시고 품질 좋은 물건을 갖춘 편집숍을 들여다보면, 생활문화 수준이 높은 데에 놀라게 된다. 사실 히가시카와초는 홋카이도 내뿐 아니라 일본 국내외에서의 이주자가 1994년 3월 6,973명에서 2015년 12월 8,105명으로 증가하여 약 20년 사이에 인구가 14퍼센트가량 증가했다. 지방도시 대부분이 인구의 감소, 상점의 쇠퇴로 고심하고 지역경제가 피폐해지는 가운데 히가시카와는 착실히 변화를 거듭하고 있다.

이 인구 8천 명의 마을에는 카페와 음식점, 베이커리, 공방 등 개성 넘치는 작은 상점이 60여 개가 운영되고 있다. 점주들과의 대화에서 경제가치만 중시하는 것이 아니라 생활가치와 경제가치의 균형을 잡으면서 'Life(생활)' 속에 'Work(일)'를 가지는 라이프 스타일을 중시한다는 사실을 알 수 있다. 이 마을에서는 이것이 '보통'인 것이다.

히가시카와초는 1895년 개척이 시작되어 논농사를 기간산업으로 하여 '쌀과 공예, 관광의 마을'을 캐치프레이즈로 발전해 왔다. 1985년에는 문화적인 마을 만들기 추진을 목표로 '사진의 마을'을 선언했고, 그후 약 30년간 '사진의 마을 히가시카와상', '히가시카와초 국제 사진 페스티벌', 전국 고등학교 사진선수권 대회인 '사진고시엔', '고교생 국제교류 사진 페스티벌' 등을 전개했다. 사진 자체에 관한 활동뿐 아니라 사진의 마을에 관한 조례에서는 '사진에 아름답게 찍히는 풍경과 생활 만들기 장려 · 추진', '사진을 활용한 지역 만들기 추진', '국내 및 국외 도시와의 교류 추진' 등을 내걸고 다양한 실천을 펼쳐 왔다. 사진의 마을을 구현해 내야 하는 주민과 단체, 조직, 커뮤니티가 스스로 '마을의 풍경'을 만들어 왔다.

농업에서는 30여 년간 지역을 내세워 '히가시카와쌀'을 브랜드화하고 품질을 철저하게 관리했다. 공예에서는 고도의 기술과 감각을 길러 온 장인들의 시대를 앞선 가구와 제품 제작이, 상업에서는 마을의 근간을 형성하는 마을 만들기의 실천과 생활을 풍요롭게 하는 업태 만들기가 진행되어 왔다.

히가시카와초에서는 여러 영역에 걸친 이러한 지속적인 시행착오 과정을 통해 사람 사이에서 길러져 온 풍요로운 지역 자원과 마을의 매력이 재인식됨과 동시에 매력과 가치의 양성이 한층 더 진행되었다. 또한 국내외에서 찾아오는 일류 사진가, 사진고시엔에 참가하는 고등학생, 다양한 영역에서 최첨단의 도전을 하고 있는 실무가 · 기업 관계자 · 전문가와의 교류와 협력을 통해 마을 주민의 감성과 개방적인 기질, 품질을 추구하는 감각이 길러져 왔다.

그리고 마을과 주민과 함께 감성과 기질, 감각을 양성해 온 주민센터가 중심이 되어 2000년대 중반 이후 '신혼인신고', '신출생신고', '히가시카와 주주제도', '너의 의자'로 대표되는 다채로운 개성 있는 시책이 전개되며 적극적인 정주 인구 촉진책, 창업을 지원하는 제도도 실시되었다.

2012년 4월 길의 역• 미치쿠사칸•• 가까운 곳에 몽벨 다이세쓰 히가시카와점이 문을 열었다. 이 무렵 자신들만의 취향을 지닌 카페, 레스토랑, 베이커리, 편집숍이 연이어 개업했다. 잡목림처럼 자연스럽게 각자 튼실하게 뿌리를 내리고 나름의 취향과 원칙을 갖고 자생하며 서로 영향을 주고받는 '작은 경제'의 생태계가 성장해 갔다. 인구 증가뿐 아니라 '히가시카와다움'이 있는 각양각색의 풍요로운 과일이 열매 맺게 된 것이다.

한편 이주자는 어떤 생활가치를 갖고 있을까. 2015년 시가현에서 이주해 온 일가의 자택을 방문했다. 담장이 없는 부지와 잘 손질된 마당, 목재를 마음껏 사용하고 장작 난로로 따뜻하게 데워진 실내, 뜻밖의 방문에도 자연스럽게 응대하는 관용. 벽에는 자녀들이 그린 그림이 여러 장 장식되어 있었다. 가족과 함께 풍요로운 시간을 보내고 있음이 엿보였다. 아사히카와 시내의 병원에 근무하는 30대 물리치료사 가족의 '일상'이다.

이 가족의 주택은 히가시카와초 토지개발공사가 분양하는 그린빌리지에 있다. 제3기 분양에서 면적 148.37평에 519만 3천 엔(2020년 10월 1일 기준 약 5,750만 원), 1평당 3만 5천 엔(2020년 10월 1일 기준 약 39만 원)이었기 때문에, 예를 들어 1평당 50만 엔으로 30평짜리 집을 건축하면 2천만 엔(2020년 10월 1일 기준 약 2억

• 길의 역 道の驛
일본의 각 자치단체와 도로 관리자가 연계하여 설치하고 국토교통성에 의해 등록된 상업 시설로 휴식 시설과 지역 진흥 시설 등이 일체화된 도로 시설이다.

•• 미치쿠사칸 道草館
히가시카와의 볼거리, 이벤트, 맛집에 관한 정보 등을 안내하는 곳. 최신 정보가 담긴 다양한 지도를 구비하고 있고 특산품을 판매하며, 시설 내 주차장과 화장실은 24시간 이용할 수 있다.

2,142만 원) 전후로 내 집을 손에 넣을 수 있다. 도심 근교의 주택지와 비교해 파격적인 가격이다.

이 가족은 마을을 여러 번 방문하여 이주를 결단했다. 히가시카와초에서 차로 30분 정도 떨어진 아사히카와시 중심가에 직장을 갖게 되어 임대주택에서 살기 시작했지만, 부모님 때문에 시가현으로 돌아갔었다. 하지만 앞으로의 인생을 생각하여 다시 이주를 결심했다고 한다.

히가시카와에서는 일이나 활동 때문에 다니기 시작하다 이주하는 패턴을 흔히 볼 수 있다. 도시에서의 생활 경험을 누리면서 히가시카와다움의 생활가치와 만남으로써, 자신과 가족의 생활을 재점검하고 히가시카와에서 살 것을 진지하게 고려하여 이주를 결단한다. 이주자들도 히가시카와다움의 'Life & Work'를 추구하는 것이다.

주민과 단체, 기업, 주민센터 등 다양한 주체에 의한 마을 만들기의 지속적인 실천으로 '히가시카와다움'과 '히가시카와에서 생활한다'라는 공통된 생활가치의 연쇄와 증폭을 낳으면서 '작은 경제'의 생태계가 끊임없이 양성되고 진화하는 히가시카와. 이 책의 전반부에서는 자연스러운 스타일로 생활과 지역을 만들고 있는 'Life & Work'의 실천가와 생활인의 생활 방식과 비즈니스, 모노즈쿠리• 등을 소개하며 인구 8천 명의 마을이 공동창조해 온 스타일을 살펴보고, 미래 사회의 가치기준(스탠더드)을 검토한다.

• 모노즈쿠리 ものづくり
물건이라는 뜻의 '모노'와 만들기라는 뜻의 '쓰쿠리'가 합성된 말로, 최고 · 최상의 물건을 만들기 위해 심혈을 기울이는 장인정신을 의미하며 일본 특유의 제조 문화를 이른다.

STANDARD 1

진짜 환경이 진짜를 추구한다

CASE 히가시카와의 라이프 스타일을 체현하는 편집숍 SALT

시내에서 조금 떨어진 곳에 스타일리시한 건물이 두 채 나란히 서 있다. 나무들에 둘러싸여 있고 벽면 가득 나뭇결이 있어 산오두막을 연상케 하는 그곳에 편집숍 SALT와 오너 요네야마 씨 부부의 자택이 있다.

요네야마 가쓰노리 씨가 나고 자란 곳은 히가시카와이다. 고등학교 진학으로 마을을 떠나 삿포로의 의류점에 근무한 뒤 삿포로에서 만난 부인 도모미 씨와 2008년 돌아왔다. 이주 당시 마을은 가쓰노리 씨가 살던 어린 시절에 비해 상점도 사람도 줄었지만, 오히려 그 점이 마음에 들었다고 한다.

"이곳은 도회적인 것이 있으면 매력적이지 않습니다. 다이세쓰잔 기슭의 풍성한 자연이 있는 환경에서 우리의 생활을 처음부터 만들어 보고 싶었습니다."

SALT는 나무들에 둘러싸인 오두막 같다.

왼쪽 위 로고는 다이세쓰잔을 이미지화했다. **왼쪽 아래** 의류, 잡화, 아웃도어 용품 등을 갖추고 있다.
오른쪽 점주 야네야마 가쓰노리 씨.

"환경과 물건이 연결되어 있으면 매력을 직접 전달할 수 있습니다"

처음에는 시내에 있는 공간을 빌렸지만, 2013년 부지 내에 작은 숲이 있는 지금의 장소로 이전했다. 건물의 설계는 도쿄에 있는 랜드스케이프 디자이너인 지인이 맡았다. 살면서 직접 데크를 만들고 숲도 조금씩 손질하고 있다. 도모미 씨는 키친가든을 시작했는데, 인근에 무농약 채소를 키우는 농가가 있어 그곳에서 채소 묘종을 구입하여 키우고 있다.

아침에 눈을 뜨면 바로 눈앞에 아름다운 숲의 풍경이 펼쳐지고 잠자리에서 일어나 곧바로 키친가든의 채소를 따서 아침식사를 한다. 밤사이에 눈이 내리면 제일 먼저 산에 오른다.

그런 생활의 연장선상에 SALT가 있다. 가게에 들어가면 쓸모없는 부분이 하나도 없는 세련된 공간에 의류, 잡화, 아웃도어 용품 등이 있다. 가게 안을 한 바퀴 둘러보면 어느 아이템이나 야물게 선택되어 있음을 알 수 있다.

"이곳에 있어야 할 물건만 선택합니다. 환경과 물건이 연결되어 있으면 그 상품의 매력을 직접 전달할 수 있습니다. 예를 들어 히가시카와에서는 겨울에 집 주위의 눈을 쓸어야 합니다. 그렇기 때문에 자연스럽게 방수, 방풍, 투습성을 갖춘 소재를 몸에 걸치게 됩니다. 여기에 있는 물건들은 모두 실용적인 것들입니다."

똑같은 물건도 환경에 따라 달리 보인다. 편리하고 쾌적한 도심의 생활에서 필요 이상으로 뛰어난 기능성을 갖춘 아웃도어 브랜드의 아이템을 사용하는 것은 어딘가 현실성이 떨어진다. 그런 의미에서 SALT에는 '진짜'가 있다.

또 요네야마 씨는 비전을 갖고 '모노즈쿠리'를 하는 브랜드만 취급한다. 매입처와는 삿포로의 의류점 근무 시절 관계를 다진 곳들이다. 업계 내에서 같은 생각을 가지고 마음이 맞는 사람들과의 관계를 지속하고 있다고 한다.

히가시카와에서 SALT를 열 계획을 그들에게 털어놓았을 때 모두 재미있어하며 찬성했다. 정말 좋아하는 브랜드를 취급할 수 있도록 SALT가 실현해 준 셈이다.

결과적으로 삿포로와 아사히카와에서는 구할 수 없는 브랜드의 물건도 갖추게 되었다.

"물건을 만드는 쪽도 자신의 상품이 놓일 장소를 선택합니다. 도시에서 판매하는 편이 많이 팔리겠지만, 여기에 물건을 두고 있는 브랜드들은 매상을 우선으로 모노즈쿠리를 하고 있는 게 아닙니다. 그러니까 제가 하고자 하는 것을 이해해 주는 거겠죠."

시부야나 다이칸야마에 있을 법한 상점이 왜 홋카이도의 작은 마을에?

SALT에서는 히가시카와라는 지역성과 요네야마 씨 부부의 생활과 신뢰할 수 있는 브랜드의 상품이 하나의 스타일을 표현해 내고 있다. 이런 것들을 모르고 찾아온 사람은 도쿄의 시부야나 다이칸야마에나 있을 법한 세련된 상점이 왜 홋카이도의 작은 마을에 있는지 신기하게 여길지도 모른다. 도시의 상점일수록 세련되다는 고정관념이 여기에서는 전복된다.

SALT는 마을에서 벗어난 곳에 있기 때문에 손님은 '어딘가를 찾았던 김에 우연히'가 아니라 목적의식을 갖고 찾아온다. 휴일에는 렌터카를 빌려 SALT를 목적지로 삼아 히가시카와를 찾아오는 손님도 제법 된다. 그리고 이런 상황 덕분에 손님과 커뮤니케이션을 하기 수월하여 요네야마 씨는 상품 하나하나에 담긴 만든 이의 생각과 스토리를 정성스레 전한다.

그뿐 아니라 일부러 찾아와 준 손님을 위해 음료수를 제공하는 카운터까지 두고 있다. 날씨가 좋은 날 실외의 우드데크에 잠시 멈추어 서서 한숨을 돌린다.

“우리는 SALT를 크게 키우기 위해 무언가를 할 마음이 없습니다. 찾아와 준 손님이 좋은 가게라고 느낀다면 서서히 인지되어 갈 거라고 생각합니다. 정열을 갖고 계속해 나가면 분명히 전달되겠죠. 그것이 통하지 않는다면 이 가게를 지속할 의미가 없는 겁니다.”

요네야마 씨는 오늘도 등을 곧게 세운 자세로 가게에 선다.

위 하절기에만 이용할 수 있는 우드데크에서는 잠깐 삼림욕을 즐길 수 있다.
아래 SALT에서는 음료도 제공. 물건을 사는 것만이 아니라 공간을 즐기기 위해 오래 머물고 싶다.

STANDARD 2

작은 경제의 다양성이 지역을 강하게 만든다

CASE 자신의 능력껏을 고집하는 파머스 카페 후도

양계 농가 팜 레라(Farm Rera)의 닛타 씨 일가가 왓카나이에서 이주해 온 것은 2007년의 일이다. 닛타 요시노리 씨가 뜻을 둔 유기 재배 벼농사를 지을 수 있는 땅을 찾아다닌 끝에 다다른 곳이 히가시카와이다. 부인 미유키 씨는 이렇게 돌이켜보았다.

"이주를 결심할 때 주민센터의 직원 분이 성심껏 상담에 응해 준 것이 큰 힘이 되었습니다. 기타노스마이 설계회사 등 앞서 이주한 분들도 있고 무엇보다 생활수가 질 좋은 지하수인 점이 매력적이었죠."

닛타 씨 부부는 자녀가 식품첨가물과 환경 유해물질에 알레르기 반응을 일으켜 가능한 한 몸에 부담을 주지 않는 자연에 순응하는 생활을 실천하고 있다.

"양계도 원래 가족이 먹을 달걀을 위해 시작했습니다. 그래서 팜 레라의 달걀은 나누어 먹는다는 의미입니다."

다이세쓰 달걀은 히가시카와, 아사히카와의 상점에서 판매한다.

시내에서 차로 5분 정도 떨어진 곳에 위치한 후도.
영업 시간은 오전 11시에서 오후 4시이지만 메뉴가 소진되면 종료.

기르고 있는 닭의 모이는 수입 옥수수가 아니라 히가시카와에서 나는 싸라기, 홋카이도 내 가미카와 등에서 나는 밀 등 엄선한 것들이다. 달걀의 노른자에는 모이의 색이 그대로 반영되므로 팜 레라의 노른자는 슈퍼마켓에서 팔고 있는 것보다 색이 옅다. 게다가 계사 안을 자유로이 돌아다니는 자연양계로 기르고 호르몬제나 항생물질은 먹이지 않는다. 건강하게 자란 닭이 낳은 달걀은 몸에 좋을 뿐 아니라 맛도 특별하다.

네 명 이상 앉는 자리는 일부러 만들지 않는다

막 이주한 무렵 닛타 씨 부부는 광고지를 이용해 마을 내에서 달걀의 이름을 모집했다. 60통 정도 응모가 있었는데 그중에서 하나를 골라 '다이세쓰• 달걀'이라고 이름을 붙였다. 정해진 판매처는 없었지만, 마을 내 상점 하나하나와 거래하기 시작하여 지금은 직접 계약을 맺고 있는 음식점만도 6곳이고 아사히카와에도 출하한다.

• 다이세쓰
히가시카와에 있는 다이세쓰 국립공원의 大雪과 '소중하다'라는 의미를 가지고 다이세쓰로 읽는 大切의 발음이 같은 것을 이용.

여러 사람 덕택에 그럭저럭 이곳에 뿌리가 뻗어 가고 있다고 말하는 닛타 미유키 씨.

자택의 부지 내에 파머스 카페 후도를 오픈한 것은 이주하고 나서 1년 후였다. 원래 있던 건물을 최대한 자연 소재를 사용하여 자신들의 손으로 개조했다. 음식은 몸에 좋지 않은 것은 가능한 사용하지 않고 이력을 알 수 있는 식재료로 만든다. 가장 인기 있는 메뉴는 다이세쓰 달걀을 사용한 몽글몽글한 오므라이스. 시내에서 떨어진 곳에 있지만 항상 문을 열기도 전에 주차장에 차들이 줄을 선다.

"가게는 저 혼자 겨우겨우 하고 있어서 손님에게 기다리게 하는 일도 있죠. 죄송스러운 마음이 들지만, 여기는 농사꾼인 우리가 할 수 있는 범위에서 꾸리고 있는 가게라는 점을 이해하고 다소 기다리더라도 이해해 주시리라 생각합니다."

그만큼 제공하는 식사는 타협하지 않는다. 다른 곳에서는 맛볼 수 없는 음식을 찾아 이웃 아사히카와뿐 아니라 오비히로나 삿포로, 혼슈에서까지 다시 찾아오기도 한다. 붐비는 시기를 피해 굳이 겨울의 한가한 시기에 찾는 손님마저 있다고 한다.

후도의 자리는 고작 11석. 미유키 씨의 작업 속도에 맞추어 네 명 이상 앉을 수 있는 자리는 일부러 만들지 않았다. 그래도 꼭 네 명 이상이 같이 앉고 싶다는 손님에게는 히가시카와의 음식점 지도를 건네고 다른 음식점을 소개한다.

"손님들이 놀라기도 하죠."

"히가시카와에는 다양성을 허용하는 풍토가 있습니다"

부인 닛타 미유키 씨는 자신들의 경영 스타일을 작은 경제라고 부른다.

"남편과 저는 규모를 확대하여 많이 벌기보다 우리의 가치기준을 지키면서 무리하지 않는 한에서 이끌어 가고 싶습니다."

이 작은 경제의 다양성이 히가시카와라는 지역을 강하게 만든다. 하지만 대규모의 비즈니스를 부정하는 건 아니다. 닛타 씨는 근처에 있는 대규모 농가와도 교류를 하고 있고, 그들의 존재가 중요하다고 느낀다.

"어느 쪽이 좋다 나쁘다가 아니라 같은 지역 속에서 크고 작고 여러 스타일이 혼재하는 상태가 이상적이라고 생각합니다. 생물의 다양성과 마찬가지로 무언가 하나만 일시적으로 번성해도 반드시 한계가 올 테고 시대의 변화에 따라갈 수 없죠. 그런 점에서 히가시카와에는 다양성을 허용하는 풍토가 있습니다."

양계를 데리고 이주해 온 닛타 씨 부부에 대한 이 지역 사람들의 태도는 그야말로 관용적이었다고 한다. 간섭과 방해도 없고 그렇다고 무관심도 아니었다. 그 적당한 거리감은 독자적인 스타일로 비즈니스를 하는 닛타 씨 부부에게 있어 퍽 고마운 일이었다.

"히가시카와 다양성의 하나가 되고 싶습니다"라고 부인 미유키 씨는 말한다. 팜 레라는 2015년부터 염원하던 벼농사에도 착수했다. 시야에 들어오는 작은 범위에서 안심할 수 있는 것을 제공한다. 여전히 매일 모색 중이라는 그들의 삶의 태도, 일하는 방식에 공감하는 사람들이 오늘도 이 가게를 찾는다.

오므라이스는 히가시카와산 토마토로 만든 토마토주스로 지은 밥에 다이세쓰 달걀을 듬뿍 얹은 일품.

STANDARD 3

밭 한가운데에서의 창업은 최고의 품질을 키운다

CASE 세계 일류로 이어지는 '요시노리 커피'

요시노리 커피는 드넓은 전원 풍경 속에 있다. 문을 연 것은 2015년 봄. 본디 농가의 헛간이던 건물을 개·보수하여 점포와 자택을 겸하고 있다. 로스팅한 콩으로 내리는 커피는 눈이 번쩍 뜨일 정도로 향기롭고 호사스러운 맛이다. 밭 한가운데에서 이렇게 맛있는 커피를 마실 수 있다니 놀랍다.

본디 아사히카와에 살던 오너 구쓰와다 사요 씨와 남편 요시노리 씨는 드라이브 삼아 히가시카와를 자주 찾았었다. 지나는 길에 지금의 자리가 매물로 나와 있는 것을 발견하고 여기에 가게를 낼 수 있겠다는 생각이 번뜩 스쳤다고 한다. 히가시카와 지하수는 미네랄 균형이 뛰어나 커피에 적합하다는 사실도 등을 떠밀었다.

독일의 최고급 로스터링기를 사용한다.

왼쪽 위아래 직접 로스터링한 원두는 도매로 판매도 하고 있다.
오른쪽 휴일에는 로스터가 되는 요시노리 씨.

남편은 로스터, 아내는 오너 겸 바리스타

커피 로스터링은 요시노리 씨의 취미였다. "남편은 무엇이든 파고드는 성격이에요. 결혼할 때 마침 로스터링에 빠져 있어서 약혼 기념으로 로스터기를 선물했죠. 처음에는 우리가 미처 다 마시지 못하는 원두를 이벤트에서 판매하는 정도였는데, 입소문이 나서 주문을 받게 되고 가게까지 내게 될 줄은 정말 몰랐죠."

요시노리 커피에서 제공하는 것은 스페셜티 커피라고 불리는 일정한 평가 기준을 만족시킨 커피다. 고품질 커피를 제공할 수 있는 이유는 요시노리 씨가 업계의 최첨단에 있기 때문이다.

"결국 중심부에 접근하지 못하면 정보를 얻을 수 없습니다. 그래서 커피 관계 협회의 모임이나 세미나 등이 있을 때마다 도쿄에 갔죠. 지금 도쿄의 일등지에서 스페셜티 커피를 다루는 카페 오너는 대부분 아는 사람들입니다."

이렇게 말하는 요시노리 씨는 사실 아사히카와에 근무하는 회사원이라 휴일에는 가게를 돕지만 운영은 부인 사요 씨에게 맡기고 있다. 가게의 오픈에 즈음해 사요 씨는 이왕 할 거면 열심히 하겠다면서 유명 바리스타가 여는 세미나에 다녔다.

"우리 가게는 잡지나 책에 실린 유명한 커피 마이스터와 같은 원두를 취급하고, 하라주쿠에 있는 인기 커피집과 같은 로스터기를 두고 있죠. 이 모든 게 이런 밭 한가운데에 있다는 게 신기하지만 제공할 거라면 본격적으로 하고 싶습니다."

최고의 원두를 지구의 반대편에서 사들인다

요시노리 커피에 들어서면 카운터 안쪽에 가족이 사용하는 거실이 보인다. 굳이 나누지 않는 편이 난로의 열효율이 좋고 공간의 압박감이 없는 데다 건축비를 절약할 수 있다고 하여 설계 시에 과감하게 가게와 집을 합했다고 한다.

"예전에는 상점가의 가게에는 안쪽에 생활공간이 있었는데, 그런 방식인 거죠"라는 요시노리 씨의 말에 안주인 사요 씨는 맨 처음 설계도를 보았을 때는 눈을 의심했다고 한다. "보통 사적인 공간은 구분하잖아요. 이런 구조가 현실적으로 가능한지 상상도 못했거든요. 갓 태어난 딸아이도 있고 해서 솔직히 불안했죠."

막상 생활을 시작하고 보니 예상보다 금방 익숙해질 수 있었다. 건물 구조뿐 아니라 농가의 여러 특색도 한몫 거들어 주어 점차 편안해졌다.

"부근의 농가들은 우리 부지를 지나가지 않으면 밭으로 트랙터를 몰고 갈 수 없습니

가게는 밭 가운데에 있어서 경치가 근사하다. 다이세쓰잔의 봉우리들을 바라보며 마시는 커피 또한 각별하다.

다. 자유롭게 드나들다 보니 저희도 점점 신경을 쓰지 않게 되었죠."

또한 농가가 밭에서 작업하는 모습을 가까이에서 봄으로써 커피콩에 대해 상상력이 발동하게 되었다고 한다. 요시노리 커피는 해외 농가와 직접 계약을 맺고 사들이는 다이렉트 트레이드 원두를 취급한다. 요시노리 씨가 세계 최고 품질이라고 평가하는 원두를 지구 반대편에 있는 커피콩 농가가 어떤 마음으로 키우고 있을지 상상하노라면 가게에 서는 마음을 다잡게 된다.

사요 씨는 히가시카와에 이주해 오고부터 날마다 남몰래 기록을 남기고 있다.

"정말이지 꿈도 꾸지 못한 인생이 되어 기록해 두려고요. 사실 저는 개구리를 싫어해서 정말 곤란할 때가 있는데, 여기는 경치도 좋고 공기도 맑죠. 그저 있는 것만으로도 기분이 상쾌해집니다. 그런 환경에 있기에 매일 평온하게 보낼 수 있는 거겠죠."

낯선 이주 생활과 가게 운영, 육아 속에서 사요 씨는 솜씨 좋게 균형을 잡는다.

아이가 잠든 깊은 밤 미래의 계획에 대해 부부는 이야기를 나눈다. 10년 후에는 자택 공간을 개방적인 커뮤니티의 장으로 만들겠다는 계획을 갖고 있다. 다시 태어난 공간의 가능성은 여전히 확장되고 있는 것이다.

카운터 안쪽은 자택 공간. 바닥과 기둥은 농가의 헛간이던 시절의 것을 그대로 남겨 두었다.

STANDARD 4
자연은 '자연스럽게 살 것'을 권한다
CASE 정기 휴일은 '평일 언젠가'라는 노마드

노마드의 오너 오바타 고로 씨는 아사히카와시 출신이다. 약 5년 전 삿포로에 살던 오바타 씨는 어느 날 등산을 하려고 고교 시절부터의 친구인 SALT의 고네야마 가쓰노리 씨 집에 머물렀다.

당시 SALT는 현재의 장소에 이전하기 전이었다. 길을 사이에 두고 맞은편에는 히타치텔레비라고 크게 쓰인 건물이 있었는데, 오바타 씨는 그 광경을 창으로 무심히 바라보고 있었다.

"그때 눈앞의 바로 그 건물이 비어 있다고 가르쳐 주는 거예요."

그때까지 음식점 · 갤러리 · 꽃집 등 다양한 곳에서 일한 경험이 있던 오바타 씨는 언젠가 자신의 카페를 갖고 싶어 필요한 기재나 식기를 조금씩 사 모으고 있었지만, 삿포로에 가게를 여는 건 어쩐지 내키지 않았다.

왼쪽 오바타 씨가 수집한 빈티지 스키. **오른쪽** 노마드는 식자재가 소진되는 때 문을 닫는다.

"같은 취미를 가진 친구들이 모일 만한 장소를 히가시카와에 갖고 싶었죠. 느긋하게 머물며 밥도 먹을 수 있는, 적당한 가게가 당시에는 없었거든요. 그럼 내가 해볼까 하고 생각한 거죠."

2011년 노마드는 문을 열었다. 벽에는 오바타 씨가 수집한 빈티지 스키가 세워져 있고 창가에는 장작이 쌓여 있다. 여유롭게 있을 수 있는 소파 테이블에는 마음대로 읽을 수 있는 책과 잡지가 있고 잡화도 판매한다. 얼핏 보아서는 무슨 가게인지 모르겠다는 사람도 있겠지만, 모두 직접 만들거나 수리한 오바타 씨의 센스로 통일되어 있어 차분하다. 영업시간은 12시에 문을 연다는 것만 정해져 있고 문을 닫는 시간은 식자재가 소진되는 때이고, 정기휴일은 '평일 언젠가'이다.

"처음에는 영업시간을 정했는데 그만두었습니다. 손님의 기복이 심해서 거기에 맞추어 식자재를 늘 갖추고 있기가 어려웠거든요."

굳이 내세우진 않지만 노마드의 식사는 화학조미료를 가능한 한 사용하지 않는다. 쌀은 매일 아침 가게에서 도정한다. 일찌감치 가게를 닫는 이유에는 미리 지어 둔 밥을 내고 싶지 않다는 고집도 있다.

마을 사람들은 오바타 씨의 페이스를 이해하여 문이 닫혀 있을지도 모른다는 사실을 전제로 노마드에 간다. 열려 있지 않아도 괜찮다. 그런 여유가 노마드의 매력이다.

"없는 것에 대한 감사함. 없는 느낌도 나쁘지 않아요"

"히가시카와에서는 구할 수 없는 것이 많습니다. 예를 들어 뭔가를 만들다 '이만한 크기의 나사 하나만 있으면 좋겠는데' 싶을 때도 구할 수 없죠. 사실 그렇게 없을 때의 느낌이 나쁘지만은 않아요. 무엇이든 있어서 편리한 것보다 가능성이 있다고나 할까요."

또한 금전적인 낭비가 없어졌다. 취미인 아웃도어에는 지출을 하지만 보통은 쇼핑도 외식도 거의 하지 않는다. 지출하는 거라곤 자동차 기름값 정도라고.

"가능한 것이 제한되어 있는 장소에서 쓸모없는 것을 덜어 낸 만큼 제대로 된 것들만 남습니다. 지금 같은 단순한 생활이 오래전부터 하고 싶었거든요."

오바타 씨는 매일 저녁 무렵 인근의 강으로 플라이낚시를 하러 간다. 겨울에는 이른 아침 스키를 타고 나서 가게를 연다. 이날 아침에는 버섯을 채집했다. 이처럼 매일매일 자연 속에서의 생활을 만끽한다.

STANDARD 5

자연의 일부로 살아가는 것으로 자신다운 직업을 만들 수 있다

CASE **푸드 라이터가 된 디자이너 오자키 미쓰노리 씨**

오자키 미쓰노리 씨는 2002년 아사히카와시에서 사무실째 히가시카와로 옮겨 왔다. 태어난 곳은 홋카이도 몬베쓰시로, 그의 말을 빌리면 「오싱」의• 집 같은 곳'에서 자랐기 때문에 오자키 씨는 시골을 무척 좋아한다. 이주하기 전까지는 관광 팸플릿 등을 제작하는 지방행정 관련 일을 하며 시골 사랑을 충족시키고 있었다. 어느 날 거래처 사람이 꼭 살고 싶어질 거라며 히가시카와의 폐가에 그를 데려갔다. 잔설의 계절 맑게 갠 하늘에 다이세쓰잔 봉우리들이 선명하게 보이고 산기슭에 온통 펼쳐지는 전원. 확실히 가슴이 움직였다.

하지만 당장 결심할 수는 없었다. 디자인 회사가 지방에 있다면 설득력이 없다.

'명함을 내밀 때 자부심을 가질 수 있을까…….'

발군의 위치에 있는 디자인 사무실.

고심 끝에 이사를 결단하게 된 결정적 이유는 물이었다.

"소독된 수돗물보다 히가시카와의 복류수가•• 몸에 맞았습니다. 사실 저는 어려서부터 화학조미료나 첨가물 등 인공물을 잘 받아들이지 못하는 체질이거든요. 냉동식품이나 편의점 도시락은 물론 학교 급식조차 구토가 날 정도였죠. 신선도가 떨어진 채소도 잘 안 맞아 슈퍼마켓의 채소 맛에 불만을 느끼고 있었고요. 성인이 되고서도 먹는 데 줄곧 어려움을 겪고 있었습니다."

오자키 씨는 자신이 먹을 수 있는 식재료를 얻기 위해 언젠가는 밭을 갖고 싶었다.

현재는 자택 옆에 밭을 갖고 그곳에서 수확한 것으로 매일 반찬을 만든다. 쌀은 저농약 농가에서 직접 구입하고 된장은 스스로 기른 콩과 히가시카와에 있는 전통 방식으로 된장을 만드는 곳의 누룩을 이용해 부인이 만든다.

"처음 여기에 왔을 때 제 건강진단 결과는 혈압을 포함해 5개 항목 정도가 옐로카드였어요. 그런데 10년도 지나지 않아 전부 정상 수치가 되어 먹거리의 소중함을 실감했습니다."

이주하여 천직과 만나다

염려하던 직업적인 면에서는 디자이너라는 직업에 더해 푸드 라이터라는 천직과 만났다. 『홋카이도신문』의 아사히카와 지사에서 매주 발행하는 무가지에 음식점을 소개하는 기사의 연재를 의뢰받아 현재 계속하고 있다.

"소개하는 음식점의 기준은 내가 먹을 수 있느냐 없느냐입니다. 실제로 찾아가서 직접 먹어 보죠. 아무리 어려워도 식재료나 조리 방법에 타협하지 않고 열심히 하고 있는 가게를 응원한다는 마음으로 쓰고 있습니다."

이 기사가 호평을 얻었다. 오자키 씨가 소개하는 가게는 어디나 손님이 밀려들어 기쁜 비명을 지른다.

• 「오싱」
1983~1984년 방송된 NHK의 아침드라마이자 베스트셀러 소설. 산골 오지 마을의 가난한 집에서 태어난 주인공 오싱의 일대기를 일본 현대사를 배경으로 그린 작품이다.

•• 복류수 伏流水
지하수의 일종으로, 하천이나 호수의 바닥 또는 그 부근의 표층 퇴적물 중에 흐르는 물. 화산재 지역, 석탄암 지역 등 투수성이 뛰어난 지역에서 발생하며 대체로 수질이 좋다.

130평의 밭에서 작물 60종을 키우고 있는 오자키 씨. 먹거리에 자신만의 원칙을 가짐으로써 푸드 라이터로서도 빛을 발할 수 있다.

그런 오자키 씨가 보아도 히가시카와의 음식점은 수준이 높다. 손님 역시 히가시카와의 수준을 기대하므로 가끔 냉동식품을 내는 가게가 생겼다가도 1년을 버티지 못한다.

지금 오자키 씨는 1천 곳 이상 먹으며 다녀 본 경험을 토대로 선별한 음식점을 소개하는 『kutta』•라는 무가지를 자신의 회사에서 발행하고 있다. 강연회나 강의 의뢰가 들어오게 되어 푸드 라이터로서 활약의 장을 착실하게 넓혀 가고 있다.

"히가시카와의 자연환경 속에 있으면 겉과 속이 같은 생활 방식이라는 것을 믿을 수 있습니다. 자연계에 '거짓'이라는 것은 존재하지 않죠. 그러니 나도 그렇게 생활하자고 생각하는 거죠. 타인에게 기쁨을 준다고 믿는 길을 의심하지 않고 간다면 활약할 수 있는 장이 있는 겁니다."

이주 전의 불안과 달리 오자키 씨는 지금 명함에 있는 히가시카와의 주소에 자부심을 갖고 있다.

• 『kutta』
'먹었다'라는 의미.

STANDARD 6
'경계의 창업'이 지역의 공동창조를 낳는다
CASE 논두렁 옆, 길가에 위치한 주먹밥집 자미세가 지역을 잇는다

마을의 주도로 가에 있고 아침 7시 30분에 문을 여는(동절기에는 8시) 주먹밥집 자미세는 출근길 회사원과 주부들이 아끼는 곳이다. 하나하나 정성스레 뭉쳐진 주먹밥은 히가시카와산 현미를 사용하고 있어 맛이 있을뿐더러 영양가 또한 높다.

점장은 지바 히로코 씨. 자미세는 원래 아사히카와시의 중심부에 가게를 갖고 있던 지바 씨의 숙모가 점장이었다. 4년쯤 전에 히가시카와에 분점을 차리게 되면서 이전했다. 지바 씨는 당시를 이렇게 회고한다.

"아사히카와 주변 전역을 후보로 주먹밥 판매처를 찾고 있었어요. 미치쿠사칸 분들의 친절 덕에 히가시카와에 출점이 결정되었죠. 사실 그때는 아직 히가시카와가 이렇게 멋진 곳인 줄은 몰랐어요."

주먹밥집 자미세에서는 맑은 공기 속에서 금방 만든 주먹밥을 먹는 호사를 누릴 수 있다.

현미 주먹밥은 백미를 섞기 때문에 부드럽다.

히가시카와의 분점에 다니는 동안 이곳의 환경이 좋다는 사실을 깨달은 지바 씨는 어느 사이에 여기에서 주먹밥을 만들고 싶다고 생각하게 되었다. 히가시카와 논의 물은 다이세쓰잔의 복류수를 채운 것이다. 깨끗하고 미네랄이 풍부한 물로 키운 쌀과 다시세쓰잔의 복류수로 밥을 짓는다. 이렇게 지은 밥에 마음을 담아 주먹밥을 만들면 최고의 주먹밥이 완성된다.

지바 씨는 아사히카와에 가게를 갖고 있던 시절부터 히가시카와의 영향력을 느끼고 있었다.

"아사히카와에서 개최된 행사에 출점했을 때 아사히카와에 본점이 있는데도 '히가시카와에 있는 자미세'로 기억하고 말을 걸어 오는 손님이 꽤 많았거든요."

아사히카와 사람들의 의식에는 자미세는 '히가시카와 브랜드'로 자리 잡혀 있다. 그리고 그 브랜드 네임은 이미 홋카이도 전역에 펴져 가고 있는 것 같다.

"벼의 성장에 힘을 얻으면서 주먹밥을 만들고 있습니다"

2014년 4월 지바 씨 일가는 흔쾌히 히가시카와로 이주하고 자택과 같은 부지에 가게를 리뉴얼 오픈했다.

"이전은 우리 가족에게 커다란 결단이었어요. 히가시카와의 전원 풍경에 손님이 찾아와 줍니다."

현재 자미세의 주먹밥은 히가시카와의 분점 외에 길의 역 미치쿠사칸과 아사히카와 시내에 있는 몇몇 곳에서도 판매되고 있다고 한다.

지바 씨는 히가시카와에는 맛있는 음식이 많다고 한다. 현미는 히가시카와의 계약 농가에서 직접 사들이고 주먹밥에 들어가는 재료도 될 수 있으면 그 지역에서 생산된 것을 사용하고 있다.

또한 팜 레라의 다이세쓰 달걀이 하나 통째로 들어간 '반숙 달걀 주먹밥'과 사누키우동 지유에서 만든 쓰쿠다니를• 넣은 '지유키의 쓰쿠다니 주먹밥' 등 마을 내 음식점과 콜라보레이션을 한 메뉴도 있다. 가게 안에서 지역의 공동창조가 자연스럽게 일어나는 것이다.

"매일 주위의 논에서 성장하는 벼에게 힘을 얻으며 기운을 내고 있습니다. 농가에서 열심히 일하는 모습을 보고 있기 때문에 더욱 애정이 담기죠. 내년의 수확도 기대가 되고요."

자미세의 마당에서는 논밭을 바라볼 수 있다. 의자에 걸터앉아 금방 산 주먹밥을 한 입 가득 베어 물고 지산지소를•• 곰곰이 음미해 본다.

• 쓰쿠다니 佃煮
먹조개, 다시마처럼 어패류나 해초류 등을 간장, 설탕, 생강 따위를 넣고 조린 음식.

•• 지산지소 地産地消
로컬푸드운동의 하나로서, 지역에서 생산되고 수확한 농수산물을 그 지역에서 소비하는 것을 이른다. 그 고장에서 재배되는 채소, 그 고장에서 잡힌 생선, 사육된 육류, 대대로 전해지는 향토음식, 된장 같은 특산품 등을 직접 구입하고 판매함으로써 식생활의 안전과 건강을 지향할 뿐 아니라 지역경제를 살리고 식문화를 전승하려는 움직임이다. 나아가 장거리 이동이 필요 없어 이산화탄소의 발생을 억제하여 지구 온난화 방지에도 도움이 되는 장점이 있다. 우리나라의 신토불이, 이탈리아의 슬로푸드, 네덜란드의 그린 케어 팜, 미국의 100마일 다이어트 운동이 유사한 예이다.

STANDARD 7

친구들과 수리한 공간을 지역의 제3의 장소로* 성장시킨다

CASE 중심가에 있는 커피숍 '로스터 코스터'의 칼 씨

히가시카와에서도 특히 사람의 왕래가 많은 길에 있는 정립 히가시카와 일본어학교 맞은편에 커피숍 로스터 코스터가 있다. 오너 칼 씨는 영국의 작은 마을 출신으로, 처음 일본에 왔을 때 일본이 마음에 들어 모국에서 영어회화 교사 자격증을 취득하고 돌아와 도쿄에서 영어회화 교실을 운영했다. 이때 부인과 만나 결혼하여 아이가 태어난 것을 계기로 영국과 풍토가 비슷한 홋카이도에 이주했다.

칼 씨는 지역에 구애받지 않고 직장을 찾은 끝에 아사히카와의 교육위원회에 취직했다. 아사히카와에서 아이들에게 영어를 가르치고 있을 무렵, 부인이 히가시카와초 관광협회에 취직하는 바람에 히가시카와로 이주했다. 한동안은 마을 밖으로 통근하는 생활을 했다.

이 지역에서 사랑받는 커피숍. 아사히다케의 표고 2991미터를 이름에 넣은 커피가 있다.

시원시원해서 이야기를 나누기 편한 칼 씨. 일본어도 능숙하다.

그러던 중 친구의 가게를 물려받아 커피숍을 해보지 않겠느냐는 권유가 있었다. 칼 씨는 망설임 없이 직장을 그만두었다. 가게는 리모델링이 미완성이었지만 친구들을 모아 직접 고쳐 완성했다.

"모두 함께 먹고 마시고 파티를 하면서 두 팔 걷어 붙이고 직접 고치고 수리하는 워크 파티를 열었죠. 그냥 도우러 오는 것보다 그게 더 즐거우니까요."

히가시카와에서 직접 로스터링하여 커피를 제공하려면 관광객을 상대로 가격대를 올리는 방법이 있다. 하지만 칼 씨는 이 지역 사람들이 언제든지 편하게 들를 수 있도록 최대한 싸게 가격을 매겼다. 그러자 가게는 비수기에도 붐비게 되었다. 손님들은 커피와 가벼운 디저트로 몇 시간씩 흥겹게 이야기를 나눈다.

"커피는 매일 마시는 것입니다. 귀갓길에 커피 원두를 사러 가

• 제3의 장소
the third place
집도 직장도 아닌 장소. 휴식을 취하거나 지역사회의 일부로 소속감을 느끼게 하는 장소를 가리킨다. 미국의 사회학자 레이 올든버그가 1989년 저서 The Great Good Place에서 주장한 개념으로, 도시인에게는 세 개의 장소가 필요한데 제1의 장소는 집, 제2의 장소는 직장 또는 학교, 그리고 이 둘의 중간 지점에 있고 휴식을 취할 수 있는 제3의 장소이다.

는 사람도 많고요."

원두에는 아사히다케 2291(아사히다케의 표고) 등 이 지역과 연관지어 이름을 붙였다. 포장은 런던에 있는 사촌이 디자인해 준 것과 히가시카와와 홋카이도를 이미지화하여 직접 디자인한 것으로 모두 세련되다. 또 로스터 코스터에서는 정기적으로 음악 라이브와 토크쇼, 개인전 등이 열린다. 주민들의 제3의 장소가 되고 있는 것이다.

영어학교'도' 있다

칼 씨는 로스터 코스터의 2층에서 또 하나의 일로 영어학교를 커피숍과 동시에 시작했다. 본디 아사히카와에 근무하던 때부터 미치쿠사칸 2층 등 공공장소를 빌려 휴일에 영어학교를 열던 경험이 있었다.

"당시 학생은 25명 있었는데, 그 학생들의 입장에서 보면 장소만 바뀐 거죠. 혹시 커피숍이 잘 안 돼도 영어학교가 있으니까 걱정 없다고 생각했고요."

현재는 주 4일 일대일부터 그룹 레슨까지 다양항 형태로 영어를 가르치고 있다. 양립하기 어려운 두 가지 일을 해내느라 매일 바쁘지만, 둘 중 한 곳에 무슨 일이 있으면 곧바로 갈 수 있어 좋다고 한다. 칼 씨에게 처음부터 이런 계획이 있었던 건 아니다. 어디에 있든 환경에 따라 유연하게 살아가고 다정하고 스스럼없는 칼 씨는 동료나 손님, 영어학교의 학생 등 많은 주민에게 사랑과 존경을 받고 있다.

올든버그는 제3의 장소의 특징으로 저렴하게 먹거나 마실 수 있고, 접근성이 좋고, 쾌적하게 머물 수 있어야 하고, 오랜 친구와 새로운 친구 모두를 만날 수 있다는 점을 꼽았다. 프랑스의 카페나 영국의 펍과 같은 공간이 그 예이다.

STANDARD 8

효율보다 자신답게 정성과 시간을 들인다

CASE 빵 하나하나에 마음을 담는 베이커리 데메테르

히가시카와 북서단에는 마치 그림책에 나올 법한 모습의 가게가 있다. 사와다 유메코 씨가 빵과 구움과자를 만드는 데메테르다.

사와다 씨는 중학생 때 외가가 있는 히가시카와에 이사 왔다. 그 무렵에는 이미 장래에 음식 관계 일로 독립하겠다는 결심이 서 있었다. 고등학교 졸업 후 도쿄의 제과 전문학교에서 공부하고 프랑스 노르망디의 양과자점에서 1년간 연수를 했다. 10여 년 전 지바에서의 직장생활을 거쳐 집으로 돌아온 뒤에는 기타노스마이 설계회사의 베이커리 기획 스태프가 되었고, 그곳에서 경험을 쌓아 2008년 염원하던 자신의 가게를 집의 부지 내에 세웠다.

"아사히카와에서 가게를 하는 편이 좋지 않겠느냐는 말을 들었지만, 여기가 좋았어

인기 상품은 식빵과 프루츠빵. 히가시카와가 아닌 지역에서 사러 오는 손님도 많다.

사와다 씨는 가게를 열 때 불안은 전혀 없었다고 한다.

요. 오래전부터 가까이 지내 온 이웃, 가족, 친척, 친구와 지인 들이 좋아할 만한 가게를 만들고 싶었죠. 그리고 가게 바로 옆에는 아주머니들이 유기 재배를 하고 있는 넓은 밭이 있으니 계절 식재료를 사용하고 싶기도 했고요."

말린 토마토 포카치아, 블루베리 베이글같이 밭에서 나는 식재료를 사용한 빵은 데메테르에서 단연 첫손으로 꼽히는 메뉴다.

사와다 씨는 도쿄와 삿포로에 있을 때 도시는 자신과 맞지 않는다고 느꼈다. 오랜만에 도쿄에 머물면 수돗물 샤워로 습진이 생길 정도다.

"그때 지하수와 집에서 재배하는 밭이 가까이에 있는 히가시카와의 생활이 정말 혜택받은 것이라고 새삼 실감했고, 자신에게 안락한 생활환경과 맛있는 식재료는 히가시카와에 있다고 확신했습니다."

전달하기 어렵더라도 노력과 시간을 들여

빵은 처음부터 자신만의 레시피를 생각했다. 몸에 좋지 않은 소재는 사용하지 않고 밀가루는 7~8종류를 빵에 따라 구분하여 사용한다. 그리고 집에서 재배하는 밭에서 수확되는 채소와 허브, 베리 종류 등을 직접 처리 · 가공하여 빵의 재료로 만든다. 시판 가공품을 사용하는 편이 빠르고 효율적이지만 그렇게 하지 않는다.

"사소한 것에 매달려 정성과 시간을 들이는 것은 빵을 보기만 해서는 알 수 없을 겁니다. 그래도 수고와 시간을 들여 만드는 빵이야말로 데메테르의 빵이죠."

매일의 생활 속에서 정성스럽게 만든 맛있고 안전한 빵을 제공하고 싶다. 그러기 위해서는 규모가 작아야 한다. 그러므로 홍보도 하지 않는다.

그 대신 사와다 씨는 자신의 고집을 「DEMETER통신」이라는 A4 사이즈의 책자에 매달 글로 적는다. 계산대 옆에 무심코 놓인 「DEMETER통신」을 읽으면 빵 만들기에 대한 진지한 자세가 전해져 온다. 또 SNS에 마치 편지를 쓰듯이 근황을 적으며 손님들과 이어져 있다.

데메테르가 문을 열 때 히가시카와에 빵집은 거의 없었지만 현재는 여러 곳 있다. 사와다 씨는 그 또한 '혜택'이라고 말한다.

"다른 빵집이 우리 가게에 없는 타입의 빵을 만들고 있기 때문에 저는 어려움 없이 자신의 스타일에 집중할 수 있는 겁니다. 분명히 손님은 빵집을 고를 수 있는 게 즐거울 거고요."

사와다 씨의 빵은 하드계라고 불리는 것으로 씹을수록 깊은 맛이 난다. 꾸밈없는 생활 속에서 정성을 다해 만들고 있는 것이 맛에도 표현되고 있다.

STANDARD 9

'나를 위해'를 추구하면 '모두를 위해'가 된다

CASE 전 프로 스노보드 선수이자 산악 가이드 나카가와 신야 씨

홋카이도 내 최고봉 아사히다케 기슭에 있는 히가시카와는 동계 스포츠로 일본에서 손꼽히는 곳이다. 프로 스노보드 선수로 활약한 경험이 있는 나카가와 신야 씨는 산에 매료되어 2011년 삿포로에서 히가시카와로 이주했다.

기간 한정 자연보호 감시원으로 반년간 아사히다케에서 활동한 것이 계기였다.

"히가시카와에 사는 동년배 친구가 생겼어요. 모두 스노보드와 산을 좋아해서 저와 비슷한 마인드를 갖고 있었죠. 그들과 모여서 지내다 보니 히가시카와는 재미있는 곳이라고 생각하게 된 겁니다."

마침 본격적으로 가이드 일을 시작하려고 생각하던 차였고 결혼 시기와도 겹쳐 '히가시카와에 살아 볼까' 하고 생각하고부터는 척척 순조롭게 진행되었다. 이주 후 나카

왼쪽 백컨트리를 활주하는 나카가와 씨. **오른쪽** 아웃도어 또한 히가시카와의 문화로 활기 있게 만들고 싶어 한다.

가와 씨는 가이드 서비스 Natures를 설립하고 하절기에는 등산, 동절기에는 자연의 산 속을 미끄러지는 백컨트리 등을 안내하고 있다.

대학 시절부터 스노보드 선수로서 활동했다. 백컨트리에 빠져 일본 국내외 설산을 누비며 사진과 영상을 찍었다. 전문잡지 표지를 장식하는가 하면 스포츠 브랜드의 프로모션 비디오에 출연하기도 하여 스노보드 팬 사이에서 널리 알려진 존재다. 현재도 유명한 스포츠 브랜드가 스폰서이다.

히가시카와를 아웃도어의 마을로

나카가와 씨는 히가시카와에서 산에 다니는 동안 집에서 5분 정도 떨어진 곳에 있는 캔모어 스키빌리지의 스키장 일부를 정비하고 싶다는 생각을 하게 되었다.

"스노보드로는 코스 구석의 경사진 곳을 미끄러져 라인을 만들며 즐기는 방법이 있습니다. 정비만 하면 좀 더 재미있는 스키장이 될 텐데 싶은 장소가 있었거든요."

히가시카와진흥공사가 스키장을 대대적으로 정비하게 되어 나카가와 씨는 자원봉사자로 참여하면서 전부터 신경이 쓰이던 그 부분을 손질해 보고 싶다고 제안했다. 그리고 제안에 공감하는 동료와 함께 스키장 일부를 확장했다.

"마음대로 하게 해준 진흥공사가 대단하죠. 작년까지는 할 수 없던 활강을 할 수 있게 되어 스노보드나 스키를 타는 어린이들이 훨씬 많아졌습니다."

나카가와 씨에게는 네 살 난 아이가 있다. 자신이 그랬듯이 히가시카와의 어린이들이 스키장에서 많은 추억을 쌓기를 바라는 마음이다.

"말은 이렇게 하지만 사실은 우리가 제일 타고 싶어 하죠."

아웃도어라는 분야에서 오랫동안 업계의 중심에 머물고 있는 나카가와 씨의 영향력은 크다. 주민이 주체가 되어 2013년부터 시작한 이벤트 '히가시카와 아웃도어 페스티벌'의 운영에 나카가와 씨가 관여하면서 많은 아웃도어 브랜드가 참여하게 되었다.

"아웃도어의 장으로서 히가시카와의 관광산업이 번창하면 우리로서도 기쁜 일입니다. 이벤트를 계속해 가면 사진과 마찬가지로 아웃도어 역시 히가시카와의 문화로서 정착할 수 있을 겁니다. 이미 그렇게 된 것 같거든요."

나카가와 씨는 산을 사랑하는 동료들과 함께 히가시카와의 아웃도어 문화에 활기를 불어넣고 있다.

STANDARD 10

기업이 '마을의 스타일'을 독자적으로 알리고 브랜드를 성장시킨다

CASE **현지 가이드와 함께 제품 개발에 도전하는 양말 브랜드 YAMAtune**

"후줄근해진 양말은 우리의 보물입니다."

이렇게 말하는 사람은 노포 니트 메이커 야마쓰네 다이세쓰잔점의 점장 요코야마 마사카즈 씨. 그는 더 이상 신지 못하게 된 양말뭉치를 소중하게 보관하고 있다. 이 지역의 산악 가이드에게 모니터가 되어 줄 것을 부탁하여 상품을 개발하고 있기 때문이다.

양말 브랜드 YAMAtune는 1963년 창업한 동사에서 2013년 새로이 내놓은 자사 브랜드이다. 기계 제조사와 공동 개발한 양말의 뒤꿈치를 입체적으로 짜는 방법으로 기능성이 요구되는 아웃도어와 스포츠, 건강 분야에 특화한 양말을 전개하고 있다.

브랜드 설립은 그야말로 제로부터의 도전이었다. 목표한 것은 홋카이도에서의 점유율 1위. 겨울의 가혹한 환경에 견딜 수 있는 상품이 좋은 평가를 받는다면 일본 전

왼쪽 YAMAtune의 양말. **오른쪽** 카탈로그에 관여한 디자이너와 카메라맨 등 모든 스태프가 히가시카와에 산다. 영어 번역문도 있어 해외에서도 호평을 받았다.

국, 나아가 세계에 통하는 브랜드가 될 것이라고 확신한 요코야마 씨는 막 개발을 마친 상품을 들고 홋카이도 등산용품점에 판매하러 다녔다. 그러나 양말 매장을 해외의 유명 브랜드가 점령하고 있어 비집고 들어갈 여지가 없었다.

"좀 더 지명도를 올린 후 찾아오라며 계속 거절을 당해 당황하는 나날이었습니다."

부족한 것은 네임밸류와 실적뿐, 제품은 어디에 내놓아도 뒤지지 않을 자신이 있었다. 그렇다면 '고객이 직접 품질을 느끼게 하면 된다.' 그런 발상이 안테나숍의 출점으로 이어졌다. 홋카이도 전역을 후보지로 출점할 지역을 찾다 발견한 곳이 히가시카와다.

"아웃도어의 메카인 니세코나 비즈니스 면에서 접근하면 삿포로라는 선택지가 타당했습니다. 하지만 조사해 가는 중에 히가시카와밖에 없다고 생각하게 되었죠."

이유는 아웃도어 브랜드 몽벨이 점포를 갖고 있고 일정한 수요가 예상된다는 것이었다. 더욱 중요한 것은 이 지역 산악 가이드의 존재였다.

"그들은 산을 사랑하고 이 지역에 뿌리를 내리고 있고, 매일 손님의 안전과 생명을 떠맡은 채 산에 들어가고 겨울에는 영하 30도나 되는 힘겨운 환경과 맞섭니다. 히가시카와에는 '진짜' 환경이 있고 '진짜' 사람이 있죠. 돈을 번다면 인구가 많은 지역에 출점합니다. 하지만 우리는 그런 히가시카와에서 브랜드를 키우고 싶었습니다."

실제로 히가시카와는 상품 개발에 최적이었다. 산악 가이드들은 YAMAtune의 양말을 신고 산에 들어가 구멍이 나면 가게에 들고 와서 피드백을 해준다. 요코야마 씨는 사용 횟수나 사용 시 상황 등을 자세히 듣고 데이터를 축적해 상품 개량을 거듭하고 있다.

카탈로그로 전하고 싶은 것은 상품보다 히가시카와라는 마을

2014년 개점하고 얼마 안 되어 요코야마 씨는 YAMAtune의 카탈로그 The Socks Journal을 제작했다. 표지에는 다이세쓰잔의 실루엣이 디자인되고 페이지를 넘기면 겨울산의 등산 리포트, 히가시카와를 무대로 한 패션 스냅이 실려 있다. 상품 소개는 뒤 몇 페이지에 불과하다.

"카탈로그에서 전달하고자 한 것은 상품 자체보다 YAMAtune가 있는 히가시카와라는 마을입니다. 왜냐하면 이곳의 자연 자체가 우리 브랜드이기 때문입니다."

히가시카와 밖에서도 YAMAtune를 찾는 손님은 날이 갈수록 증가하고 있다. 요코야마 씨의 도전은 이제 시작되었을 뿐이다.

STANDARD 11
이주자들의 상업이 '마을의 문화'를 다양화한다
CASE 마을에 우동과 서예 문화를 스며들게 한 지유키

히가시카와에서는 점심때면 사누키우동 지유키에 줄이 생기는 광경이 익숙하다. 점주는 4년 전 삿포로에서 가족이 모두 이주한 오나미 아키히로 씨.

"예전부터 시골을 동경했습니다. 그리고 아이를 자연이 풍요로운 환경에서 기르고 고향을 만들어 주고 싶었죠. 히가시카와는 그런 생각을 이루어 주기에 알맞은 곳이었습니다."

아키히로 씨는 이주를 즈음해 직장을 그만두었기 때문에 일이 없는 것이 문제였지만, 내친 김에 스스로 무언가 하고자 하다 전부터 좋아한 우동집을 시작하기로 했다.

"홋카이도에는 라멘집과 소바집은 많이 있어 그 경쟁에 뛰어드는 건 어려운 일이죠. 하지만 우동집은 거의 없기 때문에 해갈 수 있을지도 모르겠다고 생각했습니다. 지금

왼쪽 양적으로 만점인 지유키의 사누키우동. **오른쪽** 가게 안에는 어린이들의 붓글씨가 장식되어 있다.

생각하면 도전이었죠. 당시에는 냉정하게 주위를 둘러볼 수 없었던 거죠."

우동을 만들어 본 경험이 없었으나, 본고장인 가가와와 삿포로에서 수타를 수련했다. 그리고 우동 문화가 없던 히가시카와에 새로운 식문화를 가져왔다. 그러자 예상 밖으로 많은 손님이 찾아왔다.

"하루에 손님이 몇 분만 와도 해나갈 수 있도록 운영을 설계했기 때문에 처음에는 손님에게 미안할 정도였죠. 우동을 만드는 방법도 가게를 꾸려 가는 방법도 크게 부족해서 말이죠. 정말 감사함밖에 없습니다."

우동의 재료는 단순하다. 밀가루, 소금, 그리고 물이다. 히가시카와의 미네랄이 풍부한 천연 지하수로 반죽을 한다. 탄력이 있고 쫄깃한 우동면을 마찬가지로 천연수를 사용한 멸치국물과 먹는다. 지유키의 우동은 많이 먹게 하고 싶다는 서비스 정신에서 그야말로 양적으로도 만점이다. 더구나 튀김 등이 같이 나오는 세트메뉴가 1천 엔이 안 될 정도로 가성비 또한 뛰어나다. 육아를 위해 점심때만 영업을 하고 있음에도 아사히카와에서까지 다시 찾아오는 손님이 끊이지 않는다. 아키히로 씨는 몇몇 손님의 얼굴을 기억하고 있다. 2012년에는 '미슐랭 가이드 홋카이도 2012 RESTAURANT & HOTELS'에 역시 히가시카와에 있는 이자카야 리시리(60쪽)와 나란히 게재되었다.

"매일 열심히 하고 있지만 여전히 배우는 중입니다. 좀 더 맛있는 우동을 만들고 싶습니다. 국물도 놀랄 만큼 맛있게 만들고 싶고요."

아키히로 씨는 겸손하면서도 지치지 않는 향상하고자 하는 마음을 이야기한다.

일주일에 한 번은 서예 교실도

부인 지유키 씨는 가게를 돕는 한편 2013년부터 이 지역에 거주하는 초등학생과 중학생을 대상으로 붓글씨 교실을 시작했다. 오랫동안 지유키 씨에게 서예를 가르쳐 준 할아버지가 세상을 떠난 것이 계기가 되었다. 할아버지에게 배운 멋있는 서예를 다음 세대에게 알려 주고 싶다고 생각한 지유키 씨는 일주일에 한 번 문을 닫은 가게에서 어린이들을 가르치고 있다. 우동집으로 영업하고 있을 때도 벽에는 어린이들의 작품이 붙어 있어 집처럼 편안한 분위기를 자아내고 있다.

우동도 붓글씨도 지금까지 히가시카와에 없었다. 이주자들의 상업에 힘입어 마을의 문화가 점점 다양해져 간다.

STANDARD 12

몇 살이 되어도 역할이 있는 지역은 풍요로움을 성장시킨다

CASE **정년퇴직 후 이주한 가가와 요시미 씨, 도미코 씨 부부**

가가와 요시미 씨, 도미코 씨 부부는 2008년부터 히가시카와의 분양 주택지 그린빌리지에 살고 있다. 아사히카와시에 살던 부부는 요시미 씨의 정년퇴직을 계기로 노후를 평온하게 보낼 곳을 찾고 있었다.

정원과 텃밭을 갖고 싶다는 소망이 있던 부인 도미코 씨가 '신록과 함께 성장하는 마을' 콘셉트로 세워진 히가시카와 분양 주택 그린빌리지 광고를 발견하고는 히가시카와로의 이주를 결정했다.

"주민이 주체적으로 참여하는 마을 만들기라는 콘셉트에 공감했습니다. 실제로 찾아와 보고 멀리 다이세쓰잔 봉우리들이 바라보이는 풍경도 마음에 들었죠."

한편 초등·중학교의 교사로 일해 온 요시미씨에게는 불안감이 없지 않았다.

"퇴직한 남자들은 갑자기 할 일이 없어져 시간이 남아돈다고 합니다. 저도 처음에는 어떻게 지낼지 당황했습니다."

그린빌리지에 이주하기를 정말 잘했다며 웃음 짓는 부부.

하지만 히가시카와에서 취미를 찾기란 어려운 일이 아니었다. 우선 '사진의 마을'이라고 하니 사진을 시작해 보았다. 부인이 마당에서 키우는 화초와 히가시카와의 풍경을 찍었다. 그리고 블로그를 시작하고 촬영한 사진을 올렸다. 가까워진 미국인 친구가 가르쳐 준 영어 하이쿠도 시작하여 사진과 함께 실었다. 계속해 나가는 동안 타지에서도 코멘트를 받게 되었다.

또 같은 지구에 사는 친구의 권유로 초등학교나 부모와 자녀가 참여하는 낭독회에서 그림책 낭독을 하게 되었다. 교사였던 경험을 살릴 수 있을 것 같아 도전했는데 이 역시 즐거웠다. 게다가 히가시카와에 체류하고 있는 일본어 연수생의 일상회화 서포터도 되었다.

아름다운 사진과 함께 쓰는 요시미 씨의 블로그가 결과적으로 히가시카와의 홍보도 되는 셈이다.

"뭐랄까 지금까지의 취미가 자기만족이었다면, 누군가를 위해 하는 일에서 단순한 취미와는 전혀 다른 충실감을 얻었습니다. 지금은 낭독회에 와주는 어린이들의 웃는 얼굴에서 보람을 느끼죠."

어느 계절에나 아름다운 자연 속에서

두 사람의 일과는 대략 이렇다. 아침에 일어나면 텃밭에 채소를 따러 간다. 그것들로 아침식사를 한 뒤 도미코 씨는 테니스서클 활동을 위해 외출한다. 요시미 씨는 라디오로 영어를 들으면서 집 안 청소를 하고 나서 책 낭독을 하거나 블로그를 쓴다. 도미코 씨가 돌아오면 같이 점심식사를 한다. 요시미 씨는 30분 정도 낮잠을 즐기고 나서 날씨가 좋을 때는 강변의 자전거길을 따라 두 시간 정도 자전거를 탄다. 그동안 도미코 씨는 마당에서 화초를 가꾸거나 텃밭을 돌본다.

요시미 씨는 히가시카와는 어느 계절이나 아름답다고 한다.

"봄에는 강변의 버드나무가 옅은 연둣빛으로 움트고, 가을에는 논이 황금빛으로 빛나죠. 겨울에는 설경을 광각렌즈로 찍으면 드넓은 세계를 찍을 수 있고요."

1년에 몇 차례 손주들이 놀러 온다. 손주가 즐겁게 텃밭에서 수확하는 모습을 보는 것은 무엇과도 바꿀 수 없는 한때이다.

STANDARD 13

자랑거리가 되는 장소가 사람을 모으고 마을의 기준을 성장시킨다

CASE 모자 2대가 이어 가는 지역의 명물 이자카야 리시리

히가시카와의 현관에 해당하는 미치쿠사칸 뒤편에 마을의 자연과 조화를 이루는 북유럽풍 목조건물이 있다. 이자카야 리시리다.

"히가시카와의 자랑이 되는 이자카야를 만들고 싶습니다."

현 상공회 회장 하마베 게이 씨와 기타노스마이 설계회사 대표 와타베 야스히로 씨 등이 나카타케 아사미 씨에게 이렇게 이야기를 꺼낸 것은 약 20년 전 일이다.

나카타케 씨 일가는 원래 어물전을 했다. 하지만 남편이 일찍 세상을 떠나 아사미 씨는 아이들을 키우면서 할 수 있는 작은 술집을 시작했다. 남편의 동료이던 하마베 게이 씨 등은 마을에 히가시카와다움을 체현하는 가게가 필요하다고 아사미 씨에게 열의를 갖고 설득했다. 새로운 건물의 설계는 기타노스마이 설계회사가 맡고 개점을 위해서는 하마베 씨를 비롯해 동료 네댓 명이 준비를 도와주겠다고 나섰다. 이렇게 해

왼쪽 북유럽풍 목조 건물은 기타노스마이 설계회사가 설계했다. **오른쪽** 젊은 주인인 나카타케 에이토 씨.

서 1997년 모두 함께 만들어 낸 이자카야 리시리가 탄생했다.

"갑자기 세련된 건물이 되고 자리는 그때까지보다 세 배나 많아진 데다 빚도 있었기 때문에 솔직히 불안했어요. 그후에는 생활을 위해 정말 필사적이었죠. 그래도 남편의 친구 분들과 동네 사람들 모두 도와주어 지금까지 그럭저럭 올 수 있었던 겁니다."

리시리가 완성되었을 때 대학생이던 아들 에이토 씨는 자신의 음식점을 가지겠다는 목표를 갖고 졸업 후에는 삿포로의 음식점에서 일했다. 스물아홉 살 어느 날 어머니에게서 전화가 왔다.

"가게가 잘되지 않는구나."

세대 교체의 적기라고 말하는 어머니에게 에이토 씨는 바로 대답했다.

"늘 걱정하는 모습을 보았기에 무슨 일이 있으면 돌아가려고 마음먹고 있었거든요."

한때의 유행이 아닌 제철 음식을 맛있게 먹는다

귀향한 에이토 씨는 접객과 재료 구입, 생선을 다루는 법을 배우는 사이에 리시리라는 장소가 지닌 의미를 깨달아 갔다.

"이 지역의 단골들은 모두 친척 같고 계절마다 멀리에서 찾아와 주는 손님도 있죠. 히가시카와이기 때문에 손님과 좋은 인간관계를 쌓을 수 있는 겁니다."

히가시카와에서 가게를 추천해 달라고 하면 많은 사람이 리시리라고 답한다. 가게는 연일 예약으로 꽉 찬다. 에이토 씨와 셰프 나오야마 슈이치 씨의 요리에 대한 평범하지 않은 고집 덕분이다.

"눈길을 끄는 게 아니라 당연한 것들을 깊이 있게 만들고, 유행을 좇는 게 아니라 제철 재료를 맛있게 제공하고 싶습니다."

리시리에서는 예약 상황을 보고 다음 날 내놓을 메뉴 수를 예측하여 식재료의 양을 딱 맞아떨어질 정도로 구입하여 항상 신선한 소재만 다룬다. 생선은 세상을 떠난 남편의 동료이던 아사히카와의 어물전에서 사들인다. 손님이 오기 때문에 선도 높은 식자재가 회전하고, 또 손님이 찾아오는 선순환이 생겨난다.

에이토 씨의 동료들이 모여 자신들의 생활과 히가시카와의 미래를 허심탄회하게 이야기하곤 한다. 이 지역에 대한 마음은 세대를 넘어 이어지고 리시리는 마을 사람에게 없어서는 안 되는 '장'으로 지속되고 있다.

STANDARD 14

풍요로운 자연환경이 창작력을 높인다

CASE 공예 작가 즈비야쿠 하야미 겐지 씨

"오늘은 아사히다케가 잘 보이네요."

목공예가 하야미 겐지 씨는 매일 집에서 산을 올려다본다.

약 30년 전 아사히카와에 살던 하야미 씨는 창작 활동의 장으로서 빈 농가를 찾고 있었다. 온통 자연에 둘러싸여 있을 것, 공방으로 만들 수 있는 헛간이 있을 것, 아사히다케가 보일 것. 이것이 조건이었다.

"후지산, 쓰쿠바산 등 지역에 따라 고향의 산으로 불리는 산들이 있죠. 가미카와주오(아사히카와시를 중심으로 한 8개 마을)에 산다면 역시 아사히다케가 보여야 합니다."

마당에 물이 솟는 못이 있는 현재의 집은 머릿속에 그리던 이상을 뛰어넘는 위치였다.

하야미 씨의 대표작은 새 모빌이다. 집에는 많은 야생조가 찾아와 창작의 힌트가 된다. 하야미 씨는 지금까지 야생조 약 80종을 확인했다고 한다.

하야미 씨의 거래처는 전국에 있는데, 이 지역에서 자신의 작품이 사용되는 데에는 또 다른 기쁨이 있다고 한다.

부지 내에 갤러리를 세우고 이름을 무엇으로 할까 고민하고 있을 때 마당에서 큰꺅도요라는 철새가 울었다. 큰꺅도요의 울음소리는 '즈비야쿠'라고 들리는데, 아이누어로는 '즈비야쿠카무이(신)'라고 한다. 그 울음소리를 갤러리의 이름으로 정했다.

히가시카와의 유아센터에는 하야미 씨의 작품이 장식되어 있다. 나무의 온기가 어린이들에게 자연의 좋은 점을 가르쳐 준다.

STANDARD 15

Less is more — 적을수록 풍요롭다

공동창조의 범위가 점차 확대된다

히가시카와에는 Less라는 성인 의류점이 있다. 의류, 생활잡화, 가죽 소품, 액세서리 등은 일과성이 아니라 오래 사용될 것, 매일의 생활에 정말로 유용한 것을 콘셉트로 하고 있으며 눈썰미가 좋은 사람일수록 그 세련된 선택을 인정한다. 가게 이름은 근대 건축의 거장 루트비히 미스 판 데어 로에의 유명한 격언 'Less is more'에서 유래했다. 의미는 "적을수록 풍요롭다"이다. 물건이 넘쳐나는 현대 소비사회에서 물질주의를 되묻는 사고방식이다.

이 "Less is more"의 지향은 그 밖에 SALT, 이자야카 리스리, 노마드 등 현재 히가시카와에서 가게를 운영하는 40세를 전후한 세대를 중심으로 볼 수 있다. 그들은 직업에서도 생활에서도 자신들이 진심으로 하고 싶은 것을 추구한다. 유행과 상식에 좌우되지 않고 자신의 시간과 돈, 에너지를 쏟아부을 곳을 주체적으로 정하고 자신에게 맞는 생활의 질을 높이는 데에 집중한다. 특히 2000년대 중반 이후 히가시카와에서 음식점과 상점의 신규 출점이 증가하는 가운데 같은 가치관을 공유하는 사람들이 모여 그 연계가 점차 확대되어 가고 있다.

STANDARD 16

생활인에게 철저하게 밀착함으로써 지역 상점의 업태가 변화한다

변화를 지속하는 오래된 가게

입구를 들어서면 증명사진기와 세탁소 접수대가 있고 그 한쪽 끝에는 잡지, 막과자, 프라모델, 화장품……. 장르를 뛰어넘은 아이템이 옹색하게 나란히 있는 이곳은 마을의 중심부에 있는 나가사와상점이다. 나가사와 요시히로 씨는 "시골에 있는 가게라서 아무래도 이렇게 되네요"라고 말한다.

놀라운 것은 나가사와상점이 원래는 막과자점이었다는 사실이다. 히가시카와에는 자신들의 취향과 원칙을 추구하는 가게가 있는 한편, 원래의 업태가 무엇이었는지 알 수 없을 정도로 손님의 요청에 밀착하여 유지되고 있는 가게가 있다.

창업 98년을 맞은 나가사와상점은 이 지역에 없지만 수요가 있는 것이라면 무엇이든 받아들여 왔다. 그 결과가 좀 전에 말한 진열이다.

"최소한 이 고장에서 생존하려면 마을 사람들이 필요로 하는 것을 재빨리 사들여야 합니다."

풍부한 상품 구색은 히가시카와에 사는 카메라맨이 "아사히카와에도 없는 물건이 여기엔 있어요"라고 할 정도이다. 미치쿠사칸의 정면에 있는 음식점 사사스시도 마찬가지로 이미 초밥집이 아니다. 인기 메뉴는 3대째 점주가 지바에서 수련을 쌓아 온 라멘인데 그 밖에 카레와 덮밥, 각종 정식 등 메뉴가 풍부하고 가격은 합리적이다. 가게 내부는 넓고 일부 메뉴는 테이크아웃이나 배달 주문도 할 수 있는 편리함을 갖추고 있어 마을 사람의 재방문율이 높다.

STANDARD 17

수준 높은 진짜 취미와 소망이 직업이 되다

도전하기 쉬운 환경

수제 햄 공방 아오이모리의 문을 열자, 훈연 향이 감싼다.

홋카이도산 돼지고기와 닭고기를 사용하여 가게에서 직접 훈연을 한다는 햄과 베이컨, 모래집, 간 등 다양한 종류가 있다. 전부 합성보존제, 착색제는 당연히 사용하지 않는다. 맛이 뛰어나 필시 유명한 가게에서 경험을 쌓은 것이 아닐까 했더니 점주인 하타나카 아키오 씨는 "줄곧 취미로 만들어 왔습니다"라고 뜻밖의 말을 했다. 직업을 가진 한편 취미를 추구하다 보니 기술도 맛도 본격적이 되어 그만 조기퇴직을 하고 가게를 냈다고 한다.

이처럼 취미의 수준이 높아져 장사를 하게 된 경우가 히가시카와에서는 적지 않다. 창업 지원제도가 있는 데다가 새로운 것에 도전하기 쉬운 분위기여서 가게를 내는 데 장벽이 낮다.

효모빵을 만드는 마메야도 그 하나다. 육아를 하면서 직접 만든 빵을 나누어 먹던 미토베 도모코 씨는 아이가 어느 정도 크자, 2010년 자택을 개조하여 가게를 냈다. 이제는 명물 빵집으로 친숙하다. 지인의 카페에 빵을 납품한 것이 계기가 되었다.

"처음으로 낯선 손님에게 맛있다는 이야기를 듣고 내 가게를 갖고 싶다는 마음이 싹텄죠"라고 이야기한다.

STANDARD 18

‘하지 않을 것’의 선을 그으면 한층 풍요로워진다

‘이익’보다 ‘다움’을 우선

히가시카와에는 ‘이익’보다 ‘다움’을 우선하여 ‘하지 않을 것’에 대해 명확하게 선을 긋는 점포가 많다.

예를 들어 RAKUDA CAFE가 그렇다. 음식을 만드는 것부터 회계까지 오너인 다카하시 미치코 씨가 전부 혼자 하고 있기 때문에 일주일에 사흘은 쉰다. 카페가 북적이지 않도록 홍보를 하지 않고 취재에도 거의 응하지 않는다. 그만큼 찾아오는 손님과의 관계를 소중하게 여김으로써 입소문으로 재방문객이 모인다.

또한 이탈리안 레스토랑 & 카페 고농가(古農家) 고로소는 미식 사이트에 투고할 것을 거절했다. 고로소에서는 카페가 있는 시노노메 지구의 농가나 오너 엔도 고로 씨가 키운 제철 채소로 음식을 만든다. 그 때문에 계절에 따라 메뉴가 달라진다. 투고 사이트에 사진을 실으면 똑같은 메뉴가 있다고 믿고 오는 손님이 있기 때문에 그런 오해를 미연에 방지하기 위해 거절한 것이다.

그 밖에도 휴일에만 문을 여는 가게, 점심에만 영업을 하는 식당, 자리가 제한된 카페 등 음식점의 지론에 반하는 영업 스타일이 히가시카와에서는 당연한 일로 받아들여진다. 라이프 스타일에 맞춘 무리하지 않고 일하는 방식, 노력과 시간을 쏟아부은 일의 질이 결과적으로 가치를 지니고 이에 공감하는 손님이 멀리에서도 찾아온다.

STANDARD 19

파트너십으로 자신다운 일을 만든다

'보통'에 사로잡히지 않는다.

히가시카와에는 부부 관계와 장사의 스타일도 다양하다. 예를 들어 SALT의 고나야마 씨 부부는 두 사람이 같이 가게를 운영한다. 데메테르에서는 사와다 유코 씨가 혼자 가게를 꾸리고 있지만, 가게의 인테리어 일부는 목공예가인 남편 고스케가와 다이스케 씨가 했을 뿐 아니라 부엌 도구 등 작품을 판매하고 있다. 요시노리 커피는 구쓰와다 사요 씨가 남편 요시노리 씨의 꿈을 이루는 형태로 가게를 열었다. 히가시카와의 문화의 수준을 끌어 올리고 있는 기타노스마이 설계회사에서는 강한 신념으로 일관하는 와타베 야스히로 씨를 부인 마사미 씨가 세심하게 뒷받침하고 있는 인상이다.

독특한 것은 노마드의 오바타 고로, 유키 씨 부부. 처음에는 부인 유키 씨도 노마드를 도왔지만 본디 자신의 과자점을 갖고 싶다는 마음이 있어 LOLO by 노마드의 형태로 가까이에 문을 열었다.

"우리 부부의 경우, 향하고 있는 방향은 같지만 따로 가게를 가지는 편이 잘된 일이죠"라고 고로 씨는 말한다. 유키 씨는 열 살과 네 살 아이들을 돌봐야 해서 LOLO는 토요일과 일요일에만 영업을 한다.

일반적인 형태에 얽매이지 않고 자신들에게 가장 알맞은 안성맞춤의 선택을 하는 것이 히가시카와식 파트너십이다.

STANDARD 20

Life 속 Work가 자연스러운 행복을 만든다

육아와 일이 양립하는 공간에서 일한다

히가시카와에는 워크라이프 밸런스라는 말이 어울리지 않는다. 당연하다는 듯이 'Life(생활)' 속에 'Work(일)'가 있는 것이다. 예를 들어 이 마을에서는 자녀를 돌보면서 일하는 사람을 흔히 볼 수 있다. 카페와 빵집에서는 점주인 어머니가 자신의 시선이 닿는 곳에 어린 아기를 두고 손님을 맞는다. 어린 아기는 부모 가까이에서 손님을 바라보면서 지내고, 손님은 가게에 들어서자마자 아기의 티 없이 맑은 시선의 마중을 받는다. 마을 사람들에게 익숙한 이 광경이 도쿄라면 볼 수 없는 광경이다.

또 아버지의 직장에 자녀가 머물 수 있는 공간을 마련해 두는 사례도 있다. 어느 영상 제작 회사에는 반 평 크기의 작은 육아 공간이 있다. 근무시간에 유아가 장남감과 그림책을 갖고 노는 것을 이곳의 직원들은 당연한 일로 받아들일 뿐 아니라 같이 돌보기도 한다.

일본에서는 기본적으로 일터와 자녀가 머무는 공간이 구분되어 있지만, 히가시카와에서는 하나의 공간에 공존한다.

요시노리 커피의 구쓰와다 사요 씨는 "히가시카와에서는 자녀의 성장을 주위 사람 모두가 함께 기뻐해 주기 때문에 외롭지 않습니다"라고 말한다. 일을 하기 위해 생활을 소홀히 할 필요가 없는 것이 이 마을에서는 기준이다.

02 Public & Commons

공감과 공동창조가 성장시키는 '다움'
— '나의 일, 모두의 일, 사회의 일'이라는 선순환

히가시카와에서는 개인과 단체가 자신의 일로서
자발적으로 활동할 뿐 아니라
'나의 일, 모두의 일, 사회의 일'이라는 선순환이 생겨나
지역 전체에서 모두의 Public이 끊임없이 공동창조되고 있다.
이제부터는 히가시카와다움을 형성해 온
마을 만들기의 실천을 소개한다.

Public & Commons

공감과 공동창조가 성장시키는 '다움' — '나의 일, 모두의 일, 사회의 일'이라는 선순환

'사진의 마을' 사업을 출발시킨 당시의 책임자는 "문화로 마을을 활성화하려면 최소한 주민들의 20년을 담보로 해야 한다"라고 말한다. 그리고 30년을 넘긴 지금 마을을 구성하는 건 사람이며, 사진을 매개로 사람과 사람이 만나 유대를 넓혀 감으로써 히가시카와에 사람이 모이게 되었다고 돌이켜본다.

히가시카와초가 사진의 마을을 선언한 것은 1985년. 이해에 일본 사회는 플라자합의의 영향으로 엔고가 진행했다. 다음 해부터 시작되는 버블경기의 전야였던 셈이다. 1983년 도쿄디즈니랜드의 개장을 계기로 사람들의 여가에 대한 의식이 향상했다. 홋카이도에서도 드라마 〈북의 나라에서〉의 방송이 시작되어 후라노가 주목을 받아 토마무리조트 등 대형 스키 리조트가 연이어 개장했다. 또한 도쿄 집중이 심화되는 가운데 지방에서는 일촌일품운동이• 화제가 되었고, 나아가 대규모 레저 시설이 개설되는 등 버블경기를 배경으로 한 대형 투자가 빈번하게 이루어졌다.

일본이 고도 소비사회의 절정을 맞은 상황에서 당시의 나카가와 오토지 정장은•• 마을 사람 전부가 참여하는 '문화적인 마을 만들기'를 지향했다. 그리고 삿포로의 기획 회사로부터 '사진의 마을 구상'을 제안받아 사진의 마을을 선언하고 '히가시카와초 국제 사진 페스티벌'을 출발시켰다. 마을 사람 사이에서 큰 비용이 드는 이 행사에 반대 의견이 있었던 것은 사실이지만, 우여곡절을 거치면서 30년 이상 지속해 왔다. 그 세월 동안 사진에 관

• 일촌일품운동
one village one product movement
1979년 일본의 오이타현에서 시작된 지역 진흥 운동. 각 시 · 정 · 촌이 각각 하나의 특산품을 만들어 지역의 활성화를 도모하자는 것으로, 그 목적은 지역 활성화를 통해 마을 만들기를 하는 것이다.

• 정장 町長
행정단위인 마치 · 초(町)의 장으로, 이를테면 우리나라의 동장 또는 읍장 등에 속한다.

련된 것은 물론 그 외에도 다양한 영역에서 지속적으로 시행착오를 거쳐 왔다. 그 결과 다른 곳에서는 찾아볼 수 없는 '히가시카와다움'이 창출되었다. '우연의 산물'일지도 모른다. 그러나 우연은 어느 시점에서 필연이 되고 '히가시카와다움'이라는 공통의 가치가 양성되어 간다.

사진의 마을이라는 전례도 형태도 없는 것에의 도전과 생활가치 그리고 정착의 버팀목이 되어 주는 지역 만들기에의 도전은 주민센터의 직원에게도 변화를 가져왔다.

주민센터의 직원은 국제 사진 페스티벌을 개최하기 위해 안팎의 각종 단체와의 교섭, 심사위원 구성원 촉탁과 심사위원회 개최, 협찬 기업에 대한 세일즈 활동 등 경험한 적 없는 업무와 씨름했다. 사진에는 인연도 유산도 없는 홋카이도의 작은 마을의 도전은 진심을 요구받았다. '사진을 이용한 돈벌이'라는 오해를 받은 적도 있다. 직원 한 사람 한 사람이 최선을 다하고 다양한 조직과 다양한 사람과 만나며 쉼 없이 국제적인 행사를 개최해 갔다. 일류 사진가와 전문가, 기업 관계자 등과는 진심 어린 대화가 요구되었다. 그 과정 속에서 히가시카와초 주민센터는 비즈니스 마인드 넘치는 장이 되고 개척 정신을 존중하는 조직 풍토가 형성되었다.

1991년에 실시한 마을 만들기에 관한 주민 앙케트에서 많은 사람이 "페스티벌은 주민 참가형이어야 한다"라고 응답해 사진의 마을 사업의 재조정 논의가 고조되었다. 그 결과 포토 페스타

실행위원회를 해산하고 '사진의 마을 실행위원회'라고 개칭하여 주민센터 내에 '사진의 마을 추진실'을 설치했다. 또한 사진의 마을 실행위원회에 사업의 기획 입안부터 운영까지 수행하는 기획위원회가 마련되는 등 마을 만들기를 목적으로 한 행사 개최로 자리매김되었다.

그리고 1994년부터는 사진고시엔이 열렸다. 사진고시엔은 예선을 거쳐 본선에 진출하는 고등학생이 마을의 풍경 · 생활 · 주

사진고시엔에서는 고등학생과 주민의 교류가 생겨난다.
피사체가 되는 풍경과 생활에 대한 의식도 길러졌다고 한다.

민을 피사체로 하여 작품을 찍고 경쟁하는 대회로, 젊은 감성이 피사체 촬영이라는 행위를 통해 마을의 매력과 가치를 매년 제시하는 것이다. 사진의 피사체가 되는 마을과 풍경, 생활에 대한 재검점이 서서히 진행되어 갔다.

한편 시 · 정 · 촌 합병이라는 자치단체 운영 면에서의 거대한 선택이 압박해 오는 가운데 2003년 현재의 마쓰오카 이치로 정장이 선출되어 다른 시 · 정 · 촌과의 합병이 아니라 독자 노선을 선택하기로 방침을 내세웠다. 그에 이어 주민센터 직원에 의한 다양한 시책들이 세워져 갔다.

행정 활동은 기업이나 비즈니스 활동으로는 할 수 없는 일들을 실행하기 위해 세금을 모으고 예산을 편성한다. 일반적으로 예산 범위 내에서 생각하는 경향이 생기기 쉽고 전례를 확인하여 그것들과 동일하게 취급하기 쉽다.

그런데 히가시카와초의 주민센터에서는 일반적으로 일컬어지는 관공서의 상식 "① 예산이 없다, ② 전례가 없다, ③ 다른 지역에서는 하지 않는다"와 같이 '할 수 없다'라는 발상을 완전히 부정한다. '전례가 없고 다른 곳에서는 하지 않는 것'이기 때문에 오히려 실행하는 의미가 있다. 대처할 예산이 없기 때문에 포기하는 것이 아니라 해야 하는 것이라면 정부의 보조금, 공익법인의 조성, 기업의 협찬 및 기부, 그리고 주주제도 등 새로운 제도를 만들어 재원을 확보하여 실현한다. 히가시카와에서는 '정부의 보조가 있으니까', '다른 지역에서 하고 있으니까'라는 식으로 생각하지 않으며, 우선 직원이 충분히 논의하여 자신들이 해야 할 일을 생각하고 나서 필요한 재원과 알아야 할 사례를 찾아 온다. 시종일관 그런 발상으로 주민센터가 움직일 것을 요구함으로써 직원의 행동에 변혁을 낳고 기존과는 다른 아이디어를 실현해 갔다.

2012년 4월 길의 역 미치쿠사칸의 인근 부지에 몽벨 다이세쓰 히가시카와점이 개점했다. 이 무렵 개성 있는 카페와 레스토랑, 베이커리, 편집숍이 차례차례 개업했다. 지방도시 대부분이 인구 감소, 상점가의 쇠퇴, 지역경제의 피폐라는 문제를 안고 있는 가운데 히가시카와초는 착실하게 지속적으로 변화하고 있다.

어떤 주민센터 직원이 "주민센터가 해야 하는 사업을 하는 것이 아니라 마을의 여러분, 커뮤니티가 자율적으로 사업을 실행하기 위한 환경을 만들고 있습니다"라고 말했다. Public(행정)이라고 하면 일본에서는 관공서 같은 조직의 활동을 연상한다. 그러나 Public은 본질적으로 '모두의 일'이자 '사회의 일'이다. 분명히 관공서는 Public의 중요한 담당자이지만 Public이 성립되려면 관공서만으로는 무리가 따른다. 주민과 직원, 단체와 조직에 의한 자발적인 '나의 일'을 기반으로 '모두의 Public'이 어떻게 성장해 가느냐가 중요하다. 시대의 변화에 대응하고 보다 나은 Public을 실현하려면 관공서, 공무원의 의식과 행동의 변화는 필수지만, 각 활동과 여러 겹으로 연계하는 주민의 '유대 네트워크'

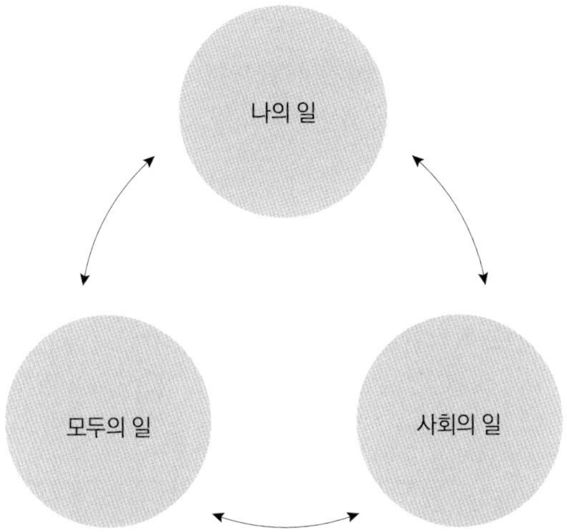

의 변용이 요구된다.

히가시카와는 예전부터 초등학교 지구 4개를 거점으로 한 커뮤니티 활동이 활발하다는 특징이 있다. 게다가 주민센터, 상공회, 농협 등을 비롯해 주민이 참여하는 다양한 활동이 활기를 띠어 가는 가운데 사람과 사람의 만남, 유대 네트워크가 확대되어 가고 히가시카와에 새로운 사람들이 모이게 되었다.

그 결과 종래의 지연 커뮤니티(상공회, 농협, 소년단, 부인회 등)의 활동이 활발해지고 나아가 라이프 스타일로 맺어지는 커뮤니티(아웃도어, '사진의 마을'을 계기로 한 유대)가 충실해지고 있다. 그리고 각 커뮤니티가 지역 전체에서 성장한 '히가시카와다움'이라는

Commons*(공유자원)와 관계를 맺고, 저마다 소중하다고 생각하는 것에 몰두하여 그 결과로 태어난 성과가 연쇄작용을 하여 새로운 가치를 창출하는 선순환이 태어나고 있다.

커뮤니티는 행정과 비즈니스에는 없는 힘을 갖고 있다. 커뮤니티의 힘이 기능하면 건강, 교육, 스포츠, 마을 만들기 등에 밀착한 분야에서 효과적으로 높은 성과를 거둘 수 있다. 커뮤니티의 힘이 작동하게 하는 것은 행정에 위임할 것인가, 시장(비즈니

히가시카와초는 2014년 '사진 문화 수도'를 선언, 특유의 국제 전략을 전개했다.

스)에 맡길 것인가 이외의 제3의 선택지이다.

커뮤니티 구성원 간의 일상적인 활동이 활발하게 이루어지면, 보다 나은 사회를 실현하기 위한 생산성을 높일 수 있는 사회관계 자본이• 양성된다고 한다. 그리고 사회관계 자본이 양성되어 가면 자발적인 협력 관계와 상호 신뢰, 호혜성의 규범과 같은 바람직한 방향으로의 협동이 촉진된다.

이제부터는 나의 일, 모두의 일, 사회의 일이라는 선순환을 창출하여 히가시카와다운 Pulic & Commons를 구축해 온 실천가들의 활동과 원칙, 공감과 공동창조의 실천 등을 소개하여 인구 8천 명의 마을이 이루어 온 스타일을 개관하고 미래 사회의 가치기준(스탠더드)을 검토해 보겠다.

* Commons
본래는 공유지(公有地)가 아닌 공유지(共有地)를 가리키며, 여기에서는 관계자가 공동으로 이용 · 관리하는 공공자원(자산 · 공간 · 사회관계 등)을 의미한다. 다양한 연구에서는 단순히 자원을 공유하는 것이 아니라 자원 공유를 지속적으로 성립시키기 위해 역할(roll), 규범(rule), 장치(tool)를 공유하는 것이 코먼스의 특징이라고 밝히고 있다.

• 사회관계 자본
social capital
사회, 지역에서의 사람 간 신뢰 관계와 유대를 나타내는 개념. 사회관계 자본이 축적되어 있는 사회일수록 상호 신뢰와 협력이 가능하고 타인에 대한 경계심이 적어 치안, 경제, 교육, 건강, 행복감 등에 좋은 영향을 미치며 사회의 효율성이 좋아진다.

STANDARD 21

영업하는 공무원이 진짜 주민센터를 성장시킨다

CASE 개척 정신에 불을 지핀 '사진의 마을' 선언

히가시카와 사람들의 다양한 행동은 어떻게 생겨났을까. 마을 사람 사이에 독자성을 추구하고 새로운 것에 열의를 갖고 도전하는 정신이 싹튼 것은 '사진의 마을'이라는 영향이 크다고 생각된다.

지금으로부터 30여 년 전인 1985년 6월 히가시카와초는 '사진의 마을 선언'을 발표했다. '문화에 의한 마을 만들기'의 막이 올라간 것이다. 다음 해 3월에는 '사진의 마을 조례'가 제정되어 사진에 아름답게 찍히는 마을 만들기가 제도화되었다. 법적 구속력이 없는 선언에 그치지 않고 조례화하여 마을 만들기의 기본이 되는 방침을 마을 스스로 정했다고 할 수 있다. 조례의 내용은 경관과 생활, 모든 시설의 정비, 다른 도시와의 교류 촉진 등 마을 만들기에 관한 사항이 '사진'이라는 관점에서 정해져 있다.

'사진의 마을' 선언식 모습. 히가시카와는 1985년 '사진의 마을'을 선언하고 그로부터 문화의 마을 만들기가 시작되었다.

사진의 마을 선언

자연과 사람, 사람과 문화, 사람과 사람 각각의 만남 속에서 감동이 태어납니다.
그때 각각의 사이에 바람처럼 카메라가 있다면
그 만남을 영원히 내 것으로 만들어 많은 사람에게 감동을 주고 서로 나눌 수 있습니다.
그리고 만남과 사진이 결실을 맺을 때 인간을 노래하고 자연을 기리는 감동의 이야기가 시작되어
누구나 언어를 초월한 시인과 뛰어난 커뮤니케이터로 다시 태어나는 겁니다.
히가시카와초에 사는 우리는 그 훌륭한 감동을 유형의 것으로 만들기 위해
사계절 계절마다 별세계를 창조하여 식물과 동물이 숨 쉬는
웅대한 자연환경과 빼어난 경관을 미래에 유구하게 지키고,
선조에게 물려받고 함께 가꾼 아름다운 땅과 풍요로운 마음을 한층 키워 혜택받은 이 대지에
세계인에게 열린 마을, 마음이 깃든 '사진에 아름답게 비치는' 마을의 창조를 지향합니다.
그리고 지금 여기에 세계를 향해 히가시카와초 '사진의 마을' 탄생을 선언합니다.

30여 년 전 뿌려진 '사진의 마을'이라는 문화의 씨앗

'사진의 마을'이라는 기획은 삿포로에 있는 기획사에 의한 제안이었다. 경제적인 목적으로는 감소한 관광객 수를 증가시키고 관광산업을 활성화하기 위한 것이었다. 아사히다케 기슭의 평화로운 전원 풍경이 펼쳐지는 지역성을 살린 이른바 시티 브랜딩이었다. 일촌일품운동이 화제가 되어 많은 지방자치단체가 특산품으로 마을을 재건하려 애쓰던 당시 히가시카와의 도전은 이례적이었다.

사진의 마을의 중심축은 선언에 이어 제정된 '사진의 마을 히가시카와상'이다. 이 상은 일본 국내외 사진가를 대상으로 학예원과 갤러리스트 등 전문가들이 선정한 작품을 각 분야에서 활약하는 문화인이 심사한다. 일본 국내뿐 아니라 해외의 사진가도 대상으로 하는 이 상은 일본 최초의 시도였다.

수상자의 작품은 마을 내에 있는 예술 시설 히가시카와 문화갤러리에 소장되고 수상식은 히가시카와 국제 사진 페스티벌에서 치러진다.

지금 사진의 마을은 히가시카와의 캐치프레이즈로서 정착했지만, 그 여정이 순조로운 것만은 아니었다. 주민센터의 직원을 포함해 당시 마을 사람 대부분은 이 사업에 회의적이었다고 한다. 그 이유 중 하나로 히가시카와에 사진 문화에 정통한 사람이 거의 없었다는 점을 꼽을 수 있다. 히가시카와상에 선정된 작품의 가치를 제대로 알 수 없기 때문에 참여하기 어렵다, 사진의 마을 정의가 추상적이어서 무엇을 위한 사업인

사진의 마을에 관한 조례 추진사항 제2조

(1) 사진의 마을 히가시카와상(이하 '히가시카와상'이라고 한다)의 수상에 관한 것.
(2) 히가시카와초 국제 사진 페스티벌에 관한 것.
(3) 사진에 아름답게 찍히는 풍경 · 생활 만들기의 장려 및 추진에 관한 것.
(4) 사진을 활용한 지역 만들기의 추진에 관한 것.
(5) 사진의 마을로 불리는 데에 어울리는 모든 시설의 정비에 관한 것.
(6) 국내외 도시와의 교류 추진에 관한 것.
(7) 그 밖에 사진의 마을에 필요하다고 판단되는 사항의 추진에 관한 것.

지 모르겠다, 그저 관광객이 카메라를 들고 돌아다니면 되는 거냐 같은 비판이 있었다. 역사가 짧은 작은 마을에서 눈에 보이지 않는 '문화'로 마을 만들기를 하는 어려움이 수면 위로 떠오른 것이다.

주민센터의 직원이 도쿄에서 '영업'에 분주

사진의 마을 사업 담당 직원들은 기획의 핵심이 되는 히가시카와 포토페스타를 개최하기 위해 마을 안팎의 각종 단체와의 교섭, 심사위원 위촉과 심사회 개최, 협찬 기업을 확보하기 위한 영업 활동 등 그때까지 경험한 적 없는 낯선 업무에 암중모색을 하며 임했다. 도쿄에 여러 차례 출장을 갔지만 환영해 주는 곳은 없었다. 대부분은 '1~2년이면 실패로 끝날 것이다'라는 냉정한 예상을 하는 것이었다.

직원들이 특히 고전을 면치 못한 것은 협찬금의 의뢰였다. 카메라 브랜드를 비롯해 민간기업과 사진 관련 단체를 방문해 협력을 요청했다. 교섭은 언제나 히가시카와가 홋카이도 어디쯤에 있는 곳인지를 설명하는 것에서 시작해야만 했다. 처음 듣는, 어디에 있는지조차 모르는 마을의 공무원을 상대해 주는 곳은 당연히 적었다.

거절당해도 직원들은 갖은 방법으로 영업을 계속해 갔다. 그러자 그중에는 감동을 받았다며 수십만 엔을 협찬해 주는 대기업 임원이 생겼다. 점차 교섭 기술이 길러져 어떤 스폰서에게 3년간 협찬 자금을 제공해 주겠다는 이야기를 들었을 때는 오히려 행사를 지속시키기 위해 10년간 제공해 달라고 되받아쳐 실제로 협찬을 확보하는 데 성공하기도 했다. 당장 필요한 자금원을 확보하는 것조차 벅찰 때 직원들은 마을의 미래를 분명하게 내다보고 있었던 것이다.

히가시카와초 포토페스타는 많은 예상을 뒤집고 5년, 10년 계속되어 회를 거듭할수록 주위의 시선이 달라져 갔다. 끈기 있게 찾아다닌 영업의 보람이 있어 협력자가 점차 증가하여, 현재 히가시카와 포토페스타의 후원과 협찬에는 쟁쟁한 대기업과 미디어가 이름을 나란히 올리고 있다.

현재에 이르는 중에 1991년 정장 선거에서 당선된 정장은 사진의 마을 사업을 폐지하겠다는 방침을 내세웠다. 그러나 주민센터의 직원들이 그때까지 관계를 구축해 온 기업과 조직의 사람들은 사진의 마을이 지속되기를 희망한다며 이 방침에 반대했다고 한다. 이 무렵에는 히가시카와 포토페스타는 민간기업과 조직이 관련된 행사로 발전하고 있었고, 히가시카와가 사진 문화에 공헌하는 존재로서 안팎에서 인정받고 있었기 때문이다. 결과적으로 사업의 폐지는 없었던 이야기가 되었다.

이러한 일련의 과정을 포함한 히가시카와 포토페스타의 개최로 주민센터 공무원들은 필연적으로 다양한 조직, 다양한 사람과 만나 관계를 맺게 되었다. 그것이 자극이 되어 주민센터는 비즈니스 마인드가 넘치는 장이 되어 갔다.

일반적인 방법으로는 성사시킬 수 없던 사진의 마을의 초기를 지탱해 준 것은 당시 담당 직원들의 진심 어린 '개척 정신'과 공무원 신분임에도 적극적으로 펼친 '영업 활동'이었다고 할 수 있다. 현재의 주민센터에도 여전히 이러한 정신을 존중하는 조직 풍토가 있다.

히가시카와초 국제 사진 페스티벌의 모습. 사진가 등을 강사로 초빙하여 워크숍이 개최된다.

STANDARD 22

시간축이 긴 '문화의 마을 만들기'는 주민 '모두의 일'을 성장시킨다

고등학생과 마을 모두가 만든 사진고시엔

마을 만들기는 행정만으로 할 수 있는 일이 아니다. 행정 주도로 시작된 '사진의 마을' 사업을 주민이 남의 일이 아니라 '나의 일'로서 호의적으로 받아들이게 된 계기는 '사진고시엔(전국 고등학교 사진선수권 대회)'이었다.

사진고시엔은 히가시카와 포토페스타에 앞서 전국 고등학교 사진부와 사진서클을 대상으로 열리는 사진 대회로, 최초의 작품 응모를 예선(초전)이라고 부르는데 이 예선을 이겨 낸 고등학생들은 마을에 모여 치르는 대회인 본전에서 실력을 겨룬다. 1994년 시작된 사진고시엔은 2015년 현재 예선 응모 고등학교 수가 514개교이고, 본선에 진출한 18개교는 일본 전국 일등을 노린다. 본선에서는 출장자들이 대회를 전후하여 6박 7일에 걸쳐 히가시카와의 숙박시설에 머문다. 퍼스트, 세컨드, 파이널 각각의 단계에서 출제되는 테마에 따라 마을의 풍경을 프레임에 담는다.

사진고시엔 출장 선수들의 기념 단체 사진.

주민의 의식을 바꾼 사진고시엔

사진고시엔 대회 기간 중에는 카메라를 품에 안은 고등학생들이 마을 여기저기에서 경치뿐 아니라 주민들에게도 초점을 맞춘다. 처음에는 사진의 마을에 회의적이던 주민들도 이렇게 되고 보니 멀찍이서 보고 있을 수만은 없었다. 피사체가 되는 것을 의식하게 된 것이다. 히가시카와 주민인 어떤 주부는 "그런 날은 평소보다 신경써서 화장을 합니다"라고 쑥스러워하면서 웃는다. 또 마을 내 환경 미화에 대한 의식도 높아졌다.

마을 내에서 사진 촬영을 하는 선수들. 마을 여기저기에서 주민과의 교류가 피어난다.

개회식에서는 마을의 유치원 아동이 고등학생을 맞이하고, 초등학생이 스쿨밴드 연주를 선보인다. 기간 중에는 마을 내 단체의 여성부 등으로 구성되는 자원봉사자들이 선수들의 식사를 준비한다. 홈스테이를 실시하여 대회에 출전한 고등학생은 일부 기간을 숙박시설이 아닌 일반 가정에 머문다. 이런 대응 덕분에 주민과 고등학생들 사이에 교류가 생겨난다. 대회가 끝난 후 가까워진 학생과 편지를 주고받는 주민 또한 적지 않다. 주민에게는 평소에 만날 기회가 없는 전국의 고등학생들은 신선한 자극을 주는 존재이며, 고등학생들에게도 히가시카와에서의 경험이 귀중한 청춘의 한 장이 된다. 사진고시엔이 시작되고부터 사진의 마을 사업은 일부 주민센터 직원이 운영하는 문턱이 높은 행사가 아니라 누구나 참여할 수 있는 행사가 되었다. 주민에게는 주인의식이 싹터 사업이 '모두의 일'이 되는 선순환이 생겨났다.

2005년 사진의 마을을 기획하고 히가시카와와 이인삼각으로 행사를 운영해 온 기획사가 도산하고 말았다. 마침 히가시카와 포토페스타와 사진고시엔이 겨우 궤도에 올랐을 때였다. 마을은 사업 운영의 모든 것을 스스로 떠맡기로 했다. 이미 깊이 이해하고 있는 사진의 마을 사업과 행사는 자립 후 순조롭게 규모를 확대해 갔다.

현재 히가시카와 포토페스타 기간은 약 1개월이다. 마을 내 여기저기에 사진이 전시되고 가장 중요한 사진고시엔 본전대회가 6일간 개최된다. 그리고 마지막 이틀간은 지역의 축제인 히가시카와 돈토코이• 축제가 동시에 열려 마을은 한껏 떠들썩해진다. 2015년에는 누계 3만 8천 명이 방문했다고 한다.

사진 문화를 통해 세계 각국과 교류한다

히가시카와는 2013년 어린이들이 부담 없이 사진에 친숙해지도록 하기 위해 '사진소년단'*을 설립했고, 2014년 3월에는 '사진 문화 수도'를 선언했다. 주민센터 외벽에는 "사진 문화 수도 사진의 마을 히가시카와초"라는 문구가 큼지막하게 걸려 있다. 또한 2015년 고교생 국제교류 사진 페스티벌이 시작되어 아시아 각국, 캐나다, 오스트레일리아 등 히가시카와와 교류가 있는 나라의 고등학생들을 대상으로 한 사진 제전으로 국제교류를 적극적으로 추진하고 있다. 30년 전 사진의 마을 선언과 함께 뿌려진 문화의 씨앗은 '사회의 일'이 되어 세계를 향한 새로운 단계로 한 걸음 내디뎠다.

오랫동안 사진의 마을을 지속해 옴으로써 주민센터의 직원은 세계적으로 활약하는 사진가와 대기업 임원 등과 깊이 있는 교류를 갖게 되었다. 일류의 행동방식과 사고방식, 일하는 방식과 접하는 동안 저절로 '품격'이 몸에 배었다고 지적하는 주민도 있다.

사진고시엔의 상 중에는 '주민이 선정한 특별상'이 있는데, 2015년 대회에서는 주민이 선정한 사진과 심사위원이 선정한 사진이 동일했다. 긴 세월 동안 사진을 보는 안목이 길러진 것이다. 히가시카와에 이주해 온 사람들이 주민센터와 주민의 개방적인 태도 덕분에 거주하기 편하다고 실감하는 것 역시 사진의 마을을 계속해 온 데에서 기인한다고 볼 수 있다.

히가시카와가 처음부터 이주자에게 매력적인 곳은 아니었다. 전례도 형체도 없는 사진의 마을이라는 문화에 의한 마을 만들

• 돈토코이
'많이 오세요'라는 의미.

* 사진소년단
한 달에 2회 일안리플렉스 카메라(소형 카메라)로 촬영하는 등 히가시카와 어린이들이 사진과 친숙해지도록 하기 위한 활동을 한다.

기에의 도전이 주민과 주민센터 공무원의 의식과 행동에 변혁을 가져왔다. 그것이 시간의 흐름과 더불어 히가시카와의 풍토로 뿌리내려 사진이라는 장르를 뛰어넘어 다양한 파급 효과를 낳고 있다.

COLUMN
사진고시엔이 만들어 내는 관계에 관한 이야기

히가시카와 포토페스타에서 사진의 마을 히가시카와상을 수상한 사진이 소장되어 있는 히가시카와초 문화갤러리에서는 사진고시엔의 작품을 전시할 뿐 아니라 기획전을 개최한다. 예술과 친숙해질 수 있는 장으로서 마을 안팎에서 사람들의 발길이 끊이지 않는다. 예전에 사진고시엔의 본전에 출장했던 선수가 여기에서 일하고 있다.

요시자토 히로코 씨가 사진고시엔에 출장한 것은 2005년. 오사카에서 처음으로 히가시카와에 왔을 때 대회 자체는 물론이거니와 주민과의 교류가 마음에 남았다. 그후 대학에 진학하여 사진을 공부하면서 사진고시엔에 OG(Old Girl) 자원봉사자로 참여했다. 대학의 졸업 작품은 히가시카와를 무대로 하여 제작에 몰두했다. 사진고시엔에서 알게 된 주민이 히가시카와를 찾을 때마다 가족처럼 묵게 해주었다.

요시자토 씨는 진로에 고민하고 있을 때 '이렇게 히가시카와를 좋아하니 아예 이주해야겠다'라고 결심했다. 그 무렵에는 허물없는 사이가 된 히가시카와의 주민들에게 의논하자, 주민센터의 임시 직원으로 일할 수 있게 되었다. 이주하고 주민센터에 다니는 한편, 아사히카와시의 학원에 다니며 수험 공부를 하여 다음 해 정규 직원이 되었다.

현재 요시자토 씨가 하는 일은 사진전 회장 조성, 행사 기획 및 운영 등이다. 이제는 사진고시엔에 주최자 측으로 관여하고 히가시카와 직원답게 즐겁게 일하고 있다. 또한 쉬는 날에는 사진소년단에서 강사로 활동한다. 요시자토 씨에게 히가시카와와의 만남은 인생의 터닝 포인트였다. 사진고시엔이 만들어 준 관계가 고등학생들의 훗날에도 영향을 미치고 있는 것이다.

문화로 마을을 활성화하려면 최소한 주민들의 20년을 담보로 해야 한다

야마모리 도시하루(히가시카와 진흥공사 이사 · 고문)

히가시카와 진흥공사 이사 · 고문 야마모리 도시하루 씨는 예전에 주민센터의 직원으로 사진의 마을 사업의 견인차 역할을 담당한 사람 중 하나이다. 눈물 없이는 말할 수 없다는 우여곡절의 역사를 들었다.

…

'사진의 마을' 사업의 기획은 어떤 이유로 채용된 건가요?

히가시카와의 경제는 농업에 이어 관광업이 두 번째 기둥입니다. 하지만 당시에는 관광객이 점차 감소하고 있어 대책을 세워야 했습니다. 영화나 텔레비전에 나오는 아사히카와 온천에 록밴드를 부르자는 안도 있었는데, 모두 일과성이라 관광객은 쓰레기만 두고 떠나 버렸죠. 카메라라면 누구나 갖고 있고 멋진 경치의 사진을 찍기 위해 다시 찾아오지 않을까 하는 점에서 사진의 마을이 부상했다고 봅니다.

…

실제로 사업을 시작하고 어땠나요?

'사진의 마을 선언'부터 24년간 일했는데, 문화적인 활동은 이해받기 어렵다는 사실을 통감했죠. 문화라는 것은 마음의 가치관이지 경제가 아닙니다. '문화보다 내일 먹을 밥'이 우선하는 것이 작은 마을의 솔직한 실정이고요. 행사에 몇천만 엔을 들이느니 복지와 인프라를 어떻게든 해결하라는 목소리가 나오는 건 당연한 일입니다.

지금도 주민 전원이 찬성하고 있는 건 아닙니다. 본디 문화에 관한 사업에서 100퍼센트 찬성이란 없습니다.

…

도쿄 출장에서는 상당히 고생하셨다고 하더군요.

영업을 하러 가서 접수에서 문전박대당하지 않으려고 일부러 비를 맞아 양복에서 물이 뚝뚝 떨어지는 모습으로 방문한 적도 있습니다. 작전대로 안내 데스크 직원이 딱하게 여겨 들여보내 주었죠. '시골 마을에서 와서는 대체 무슨 소리를 하는 거냐'라며 상대를 해주지 않거나 '사진으로 돈벌이를 하겠다는 거냐'라고 반감을 사기도 했죠. 20년 정도 계속하며 겨우 인정을 받게 된 겁니다.

지속적으로 도쿄에 출장을 다녀서 얻은 최대의 재산은 사람과의 만남입니다. 문화인과 대기업 임원 등 일류 사고방식과 접하면 역시 자극을 받습니다. 예를 들어 도쿄의 관청가인 가스미가세키의 공무원이 마을 만들기에 관해 조언을

해주기도 했습니다. 그 조언이 지금 활용되고 있는 겁니다.
보통 행정가는 민간에게 부탁을 받을 일은 있어도 자신들이 머리를 숙일 일은 그다지 없죠. 그 점에서 히가시카와의 행정가는 다릅니다. 이곳에서는 관공서가 최대의 서비스산업이니까요.

사진고시엔의 아이디어는 어디에서 생긴 건가요?

제10회 히가시카와 포토페스타 때 어떤 카메라 잡지가 고등학생을 대상으로 사진 워크숍을 개최했습니다. 그때 고등학생들이 무척 재미있어 하던 모습에서 힌트를 얻었죠.
히가시카와초, 메인 스폰서인 캐논, 제1회부터 심사위원장을 맡고 있는 사진가 다쓰키 요시히로 선생. 이 트라이앵글이 있기에 사진고시엔을 지속할 수 있다고 생각합니다.
행정은 전국의 고등학교가 참가하기 편한 환경을 만들고, 민간기업은 기재 대여를 포함한 원조를 하고, 전문가는 사진을 통해 학생들에게 뭔가를 배운다는 것이 어떤 것인지 이해하기 쉽게 설명합니다. 이 중 어느 하나만 없어도 사진고시엔은 성립될 수 없습니다.

문화로 마을을 활성화한다는 것이 말처럼 간단하지는 않았으리라 생각합니다만.

나는 평소 '문화로 마을을 활성화하려면 최소한 주민들의 20년을 담보로 해야 한다'라고 말합니다. 문화 사업에는 시간이 걸립니다. 그것을 기다릴 수 있느냐 없느냐입니다. 나도 몇 번이나 좌절할 뻔한 적 있지만, 계속 정열을 쏟으면 분명 이해받을 거라고 믿었습니다.
마을은 곧 사람입니다. 사진을 매개로 사람과 사람이 만나고 유대가 넓어져 감과 동시에 협력자가 증가해 갔죠. 그때로부터 30년 지난 지금 히가시카와에 자연스럽게 사람이 모이게 되고 주민이 독자적으로 여러 일을 추진합니다. 아직 성공했다고는 말할 수 없지만, 이제 겨우 결과가 나오고 있다고 느낍니다.

STANDARD 23

탈공무원 발상 "세 가지 '없다'는 없다"가 도전을 당연한 것으로 만든다

다양한 주체가 공공을 담당한다

히가시카와에 오는 이주자들이 입 모아 하는 말이 '주민센터의 공무원들이 친절'하다는 것이다. 이주에 관해 담당자가 마치 가족처럼 따스하게 상담에 응하고 지원해 주는 모습에 모두 주민센터의 직원답지 않다며 놀란다.

히가시카와초 주민센터는 '관공서 일은 서비스업'이라며 주민에게 밀착하는 공공서비스를 추구하여 독자적인 시책과 사업을 실시한다. 일본 전국적으로 보아도 획기적인 제도를 만들어 왔다. 최근에도 '신혼인신고', '너의 의자' 등 특색 있는 시책을 여럿 내세우고 있다.

2003년 주민센터의 직원으로서 행정 서비스를 담당해 온 마쓰오카 이치로 씨가 정장에 취임했다. 주민센터의 관습을 잘 아는 마쓰오카 정장은 부정적 요소를 긍정적으로 전환하는 발상으로, 조직의 구조와 직원의 의식과 행동의 개혁에 착수하여 주민이

히가시카와초 주민센터. '예산이 없다', '전례가 없다', '다른 지역에서는 한 적이 없다'의 세 가지 '없다'를 말해서는 안 된다는 것이 불문율이다.

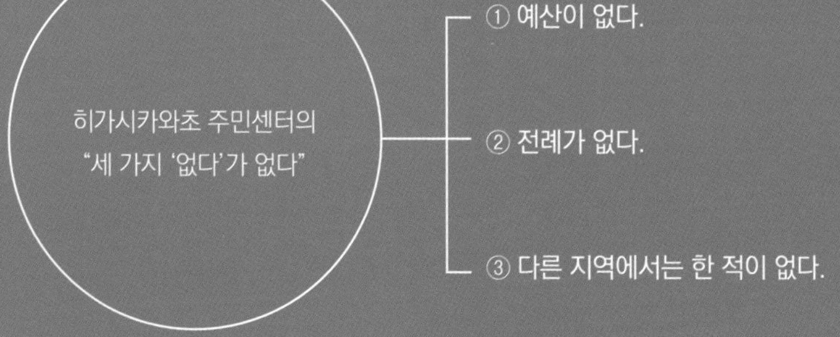

자부심을 가질 수 있는 행정을 목표로 한 대응을 추진했다.

히가시카와초 주민센터에는 "세 가지 '없다'가 없다"라는 지침이 있다.

① 예산이 없다.

② 전례가 없다.

③ 다른 지역에서는 한 적이 없다.

이 세 가지 '없다'를 말해서는 안 된다고 하는 곳이 히가시카와초 주민센터이다. 통상의 행정에서는 이 세 가지 '없다'를 무언가를 하지 않을 핑계로 삼기 쉽고 주민과 관계자의 불만을 낳는 원인이기도 하다.

주민이 자부심을 가질 수 있는 행정을 만든다

이 발상의 전환은 주민센터 직원의 주체성을 이끌어 냄과 동시에 다양한 주체가 마을의 일을 '나의 일'로 받아들이고 각각의 관점에서 공공적인 역할을 담당하게 되어 가는 하나의 계기가 되었다.

히가시카와에서는 '국가의 보조가 있으니까', '다른 지역에서는 하지 않으니까'라고 생각하는 게 아니라 우선 주민센터 직원들이 충분히 논의하여 스스로 해야 할 것을 생각하고 거기에 필요한 재원과 배워야 할 사례를 찾아 온다.

또한 주민과 관계자가 자주적으로 무언가를 하려고 할 때 주민센터는 그 의욕을 존중하여 제도를 이용해 적극적으로 측면 지원을 하려고 노력한다. 그 결과 끊임없이 도전하는 풍토를 양성하고 개성 있는 다양한 시책을 만들어 내고 있는 것이다.

STANDARD 24

조직과 직원의 변화로 개성 있는 시책과 사업을 잇달아 내놓다

공감의 연쇄를 낳은 6가지 시도

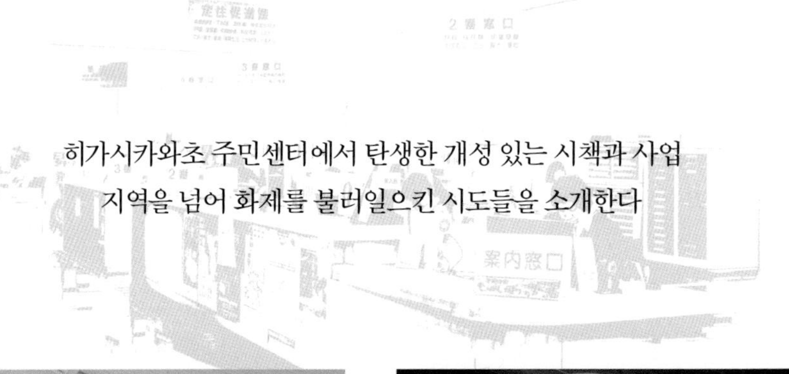

히가시카와초 주민센터에서 탄생한 개성 있는 시책과 사업
지역을 넘어 화제를 불러일으킨 시도들을 소개한다

1 신혼인신고 / 신출생신고

보통은 주민센터에 서류를 제출하는 것으로 끝난다. 그러나 '결혼한 두 사람에게 소중한 순간의 기억이 담긴 것을 형태로 남길 방법은 없을까' 하는 발상에서 탄생한 기념품 서비스. 혼인신고서의 복사본을 폴더에 넣어 건네준다. 2005년 10월 개시. 2005년 11월 출생신고도 같은 서비스를 시작했다.

2 너의 의자

아이들이 머물 곳을 선물하고 싶다는 생각으로 2006년 아사히카와대학과의 협업으로 시작된 사업. 히가시카와초에서 태어난 아이에게는 출생일과 이름을 새긴 의자를 선물한다. 취지에 찬성하는 유명 디자이너의 디자인을 토대로 마을 내 가구 제작자들이 만든다. 현재 이 시도는 6개 마을로 번져 나가고 있다.

3 캔쌀

일본농업협동조합과 농가가 협업하여 탄생된 '히가시카와쌀' 브랜드 만들기 기획. 예산이 전무한 상태라 투표소에서 나누어 주는 홍보용 배포물로 예산 확보를 실현했고, 그후 상품화됨과 동시에 히트했다. 판매 개시 8개월 만에 7만 4천 캔이 판매되었다.

4 『지비슬로 '사진의 마을' 히가시카와초』

홋카이도의 라이프 스타일 잡지 『슬로』와 협업한 소책자. "히가시카와초를 좀 더 즐겁게, 좀 더 맛있게 체험하게 한다"라는 콘셉트로 카페와 갤러리, 이벤트, 사업 등을 소개한다. 2011~2013년 매년 1호씩 제작하여 도내의 각 서점에서 판매했다.

5 '사진의 마을' 히가시카와 주주제도

히가시카와 이외의 지역에 거주하는 사람들이 히가시카와와 유대 관계를 맺는 계기를 만들기 위해 시작. 고향납세제도를 활용하고 있는데, '주주'로 불리며 히가시카와와 관계를 맺고 응원하고자 하는 사업에 투자한다. 2015년 12월 현재 주주(특별주민)는 5,929명, 약 1억 9천만 엔(약 21억 1,900만 원) 투자를 달성했다.

6 히가시카와 와인

1992년 유실수 육성 진흥과 토지의 유효 활용을 위해 홋카이도 와인으로부터 묘목을 무상으로 받아 재배와 연구를 개시. 2013년 히가시카와산 포도를 100퍼센트 사용한 Kitoushi2013을 2014년 12월 발매했다. 통신판매는 물론 히가시카와 밖으로는 전혀 출하하지 않아 히가시카와에서만 마실 수 있다.

STANDARD 25

풍요로운 생활방식을 디자인하기 위한 조례와 제도를 만든다

공감의 연쇄가 사람의 흐름을 만든다

그 지역에 사람이 모이고 정주하도록 적극적으로 움직이는 것이 지방행정이 해야 할 일 중 하나이다. 히가시카와다운 풍요로운 생활을 실현하기 위해 주민센터에서는 다양한 조례와 제도를 만드는 한편, 인구 감소에 대책을 강구하고 이주와 자녀교육, 생활을 지원하는 정주 촉진을 위한 사업에 노력을 기울이고 있다.

히가시카와의 인구 추이는 1950년 1만 754명을 정점으로 계속 감소, 1993년도에는 7천 명 이하로 떨어졌다. 그때부터 회복하기 시작하여 2015년 12월 현재 8,105명이다. 20년 남짓한 사이에 약 1,100명(14퍼센트)이 증가했다. 이주 희망자는 전 세대를 아우르고 있으며 현재 부동산이 부족하지 않은 상태다.

행정이 내세우는 목표는 인구 8천 명의 유지다. 마을의 적정 규모로서 과소가 아닌 적소를•지향한다. "이주는 자유(いじゅうは, じゆう)"라는 캐치프레이즈를 내거는 등 마을의 홍보에 여념이 없다.

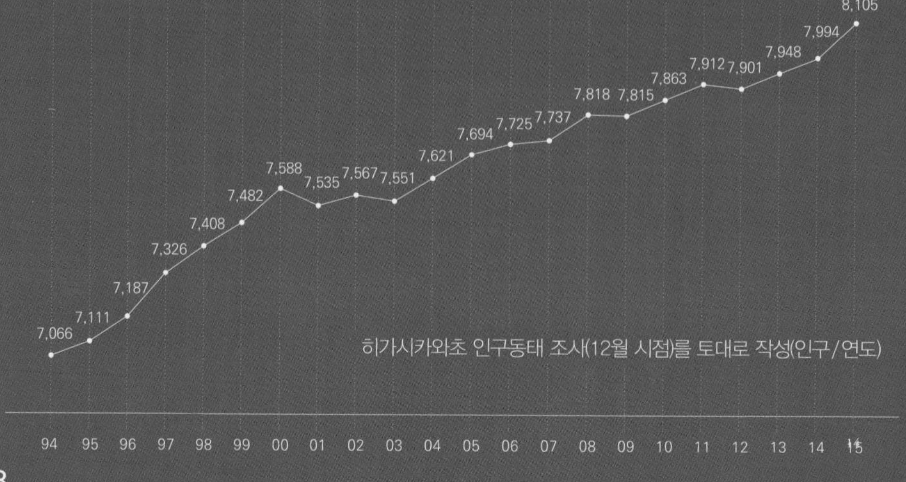

2003년 이후에는 음식점, 베이커리, 잡화점 등의 개점이 증가했지만 그들 대부분이 마을의 창업 지원제도를 이용하고 있다. 마을이 적극적으로 지원함으로써 이주에 따르는 불안감은 줄어든다. 그 밖에도 이주자와 정주민의 생활을 뒷받침하는 마을의 보조사업이 다수 있다.

• 적소 適疎, good balance 단순히 인구를 늘리기보다는 여유로운 공간을 중시하여 과밀도 과소도 아닌 적정한 상태를 가리킨다.

히가시카와초의 이주 · 정주를 촉진하는 시스템

다양한 콘셉트를 가진 분양지

히가시카와초 토지개발공사는 다양한 콘셉트를 가진 분양지를 공급하고 있다.

2004년 이스트타운 40구획
2006년 그린빌리지 제1기 33구획
2008년 그린빌리지 제2기 19구획
신에이단지 제4차 25구획
2011년 가든코트 기토우시 18구획
2012년 유유단지 16구획
그린빌리지 제3기 35구획

히가시카와의 생활을 체험할 수 있는 숙박시설

숙박시설을 이용한 단기 체재를 통해 히가시카와의 생활을 체험한다.

_ 장기 체재형 숙박시설 다이세쓰 유스이하우스
_ 단기 체재형 숙박시설 케빈
_ 민간 간이 숙박시설

이주 · 정주를 지원하는 보조 사업

보조금으로 히가시카와다운 생활과 주거 조성을 지원한다.

_ 경관주택건축지원사업(2006년~)
_ 신규 창업자에 대한 지원사업(2003년~)
_ 민간책임 주택건축 지원사업(2003~2005년, 2013~2014년)
_ 히가시카와초 북방형 주택〈홋카이도의 기후와 자연 조건에 적합한 성능을 갖춘 주거 형태〉 건설추진사업 보조금(2014년~) : 2015년부터 기타스마이루 건설추진사업 보조금으로 변경
_ 2세대 거주 추진사업 보조금(2014년~)
_ 장작 난로 등 설치 보조금(2014년~)

왼쪽 창문을 통해 바라본 이주자를 위한 분양지 그린빌리지.
오른쪽 위 장기 체재형 숙박시설 다이세쓰 유스이하우스. **오른쪽 아래** 단기 체재형 숙박시설 케빈.

STANDARD 26

'주민센터 체질 개혁'이 면밀하게 생각하고 움직이는 공무원을 뒷받침한다

Before After로 보는 히가시카와초 주민센터 체질 개혁

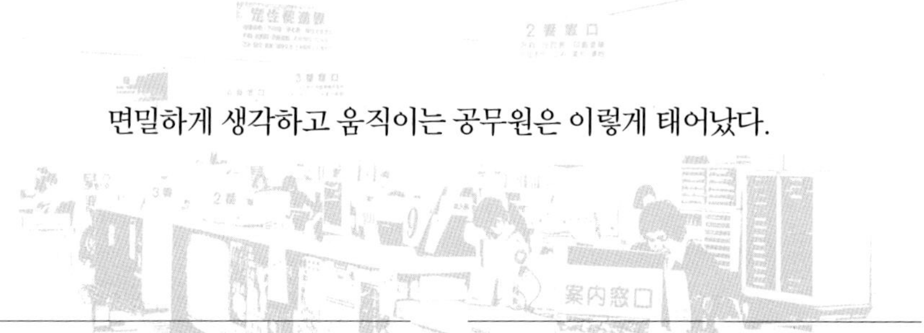

면밀하게 생각하고 움직이는 공무원은 이렇게 태어났다.

1 인사이동이 적다 → **인사이동이 잦다**

특정 직원만이 맡을 수 있는 일이 생기지 않도록, 또 전임자보다 발전적인 일을 할 것을 장려하기 위해 빈번하게 인사이동을 실시한다. 일반적인 주민센터는 4~5년에 한 번씩 이동하지만, 히가시카와초에서는 2~3년에 한 번 한다. 이것이 항상 좀 더 나아지고자 하는 마음을 갖고 업무에 임하는 비결이라고 한다.

2 과 아래에 '계' → **과 아래에 '실'**

행정에서는 일반적으로 각 과 아래에 통상 '계'를 두지만, 히가시카와에는 산업진흥과 아래에 상공관광진흥실과 농림진흥실 등 '실'이 있다. 실장의 업무는 과장보좌와 다르지 않지만, 명함에 '실장'으로 쓰여 있으면 대외적인 교섭력이 높아질 뿐 아니라 업무에 자부심을 갖게 된다.

3 다른 지역에서 하는 것을 한다 → **나의 일로 여기고 실행한다**

'다른 지역에서 하고 있으니까'가 아니라 우선은 직원이 충분히 논의하고 자신이 무엇을 해야 할지를 생각하며 배워야 할 사례와 전문가를 찾아낸다. 그 과정 속에서 만난 진심으로 움직이는 민간기업과 본질적인 가치를 추구하는 대학과 연계하여 성과를 실현할 수 있는 체제를 구축한다.

4 국가의 조성금부터 생각한다 → **국가로부터 자금을 조달한다**

국가의 조성금 범위에서 어떻게 활용할지를 생각하는 것이 일반적인 지방자치단체이다. 반면에 히가시카와에서는 스스로 해야 하는 정책을 실현하기 위해 국가가 갖고 있는 자치단체를 지원하는 메뉴를 연구하여 필요한 자금과 지원을 어떻게 조달할지를 검토한다.

5 주민센터에서 연수한다
➔ 민간기업에서 연수한다

일반적으로 관공서 내 또는 행정 연수기관에서 연수를 하지만, 히가시카와초 주민센터의 직원은 민간기업에서 연수할 수 있다. 희망자는 일정 기간 기업에서 실제 업무를 체험하면서 현장 직무교육 훈련으로 실천적 연수를 받을 수 있다.

6 지역의 얼굴은 공무원
➔ 지역의 얼굴은 다종다양

주민센터에는 스포츠에 뛰어난 직원이 많아 업무 외 시간에 스포츠소년단의 지도자로 활약한다. 히가시카와의 어린이에게 소년단 활동은 특별활동을 대신한다. 또 밴드맨이나 사진가라는 또 하나의 얼굴을 가진 직원도 있다.

7 일은 일
➔ 일은 생활

직원들은 아무것도 하지 않고 '할 수 없다'라는 말을 하지 않으며, 전례가 없는 일에 계속 도전한다. 공격적으로 일하는 사람일수록 업무량은 많고 야근, 휴일 출근도 한다. 과장급 직원은 모두 사생활과 일이 일체화한 생활을 한다.

8 내'가'
➔ 나'도'

가령 자신이 사업의 지휘를 맡더라도 '내가 해냈다'라고 자신을 내세우지 않는다. 특히 공적인 사업은 많은 협력자 없이는 실현할 수 없다는 것을 알기 때문에 혼자만 눈에 띄는 슈퍼 공무원은 없다. 내'가'가 아니라 나'도' 했다고 생각한다.

9 마을만으로 완결한다
➔ 외부로부터의 자극을 받아들인다

마을 안에서만 매사를 완결해서는 새로운 전개가 이루어지기 어렵다고 판단하여 밖으로부터의 자극을 적극적으로 받아들인다. 직원들은 도쿄나 해외에 연수를 가는 경우가 많은데, 그것을 계기로 새로운 사업이 탄생한다. 외부에서 제안받은 기획에 적극적이며 내방객에게는 정성스럽게 대한다.

10 스스로 스케줄 관리
➔ 전원이 스케줄 공유

비즈니스를 위한 스케줄 관리 소프트웨어를 도입하여 전 직원이 인터넷상으로 스케줄을 공유한다. 회의나 내방객 대응 등이 예정되어 있을 때는 테마를 작성하고 참석 가능한 사람이 이름을 기입해 간다. 다른 직원의 스케줄에도 예정을 써넣을 수 있으므로 효율적으로 업무를 분담할 수 있다.

11 "히가시카와초입니다"라고 전화를 받는다 ➔ "사진의 마을 히가시카와초입니다"라고 전화를 받는다

전 직원이 전화를 받을 때면 "사진의 마을 히가시카와초입니다"라고 마을 이름에 '사진의 마을'이라는 수식어를 붙임으로써 전화를 걸어 온 사람에게 사진의 마을을 인식시킴과 동시에 직원들의 의식에 정착하도록 한다.

STANDARD 27

주민 모두 집을 풍경으로 만든다

경관 조성의 담당자를 만드는 그린빌리지

2002년 '아름다운 히가시카와의 풍경을 아끼고 성장시키는 조례'가 제정되었다. 이것은 히가시카와를 사진에 아름답게 비치는 마을로 만들기 위한 시책이며, 주민 한 사람 한 사람이 마을을 생각하며 생활하는 지침이다. 2005년에는 경관법이 시행되어 거주하는 집을 풍경으로 만들기 위한 대책은 전국적으로 확대되어 가고 있다.

그런 중에 히가시카와다운 주거 환경의 모델을 만들려고 2006년 탄생시킨 것이 분양 주택지 그린빌리지다. 설계에는 랜드스케이프 전문가와 건축가를 초빙했고, 주민센터의 담당자는 빼어난 경관을 자랑하고 세계문화유산으로 지정된 시라카와고에서 연수를 받았다. 그리고 그린빌리지의 입주 희망자에게는 「히가시카와풍 주택설계지침」이라는 소책자가 배포된다. 책장을 넘기면 우선 나오는 것이 건물에 대한 것이 아니라 마당의 식수에 대해서라는 점이 특징적이다.

"도로에서 잘 보이는 위치에 두 그루 이상 나무를 심을 것", "도로 경계에서 1미터 정도는 녹지로 만들 것" 등 외에도 권장하는 나무 종류까지 소개한다. 이어서 목재의 이

히가시카와의 경관을 조성하는 분양지 그린빌리지.

용, 지붕의 형태와 색 같은 외관에 대한 지침과 담장이나 울타리의 제한과 기름탱크를 보이지 않게 하는 방법 등 아름다운 거리를 실현하기 위해 지켜야 할 규정이 자세하게 나열되어 있다.

주택 사이에 있는 공유 산책로. 주민이 공동으로 관리하며 커뮤니티를 활성화한다.

일부러 장벽이 높은 경관 모델을 만든다

생활 속에서 이 조건들을 전부 충족시키기에는 장벽이 높다고 느끼는 사람이 있을 법한데, 그린빌리지에는 그 콘셉트에 진심으로 공감하는 사람만 이주하도록 한다.

경관 조성의 담당자는 어디까지나 주민이다. 책자의 마지막에는 경관협정이 쓰여 있다. 이것은 정내회나• 반 등에서 논의하여 지역의 경관에 관련되는 협정을 정한 다음 정장의 인정을 요청할 수 있다. 주민센터에서는 그린빌리지 입주 희망자에게 규정에 대해 최소 3회는 직접 설명하여 협정을 맺는다. 시간이 걸리지만 그렇게 하여 깊은 이해를 얻지 못하면 그린빌리지의 시스템이 작동하지 못한다고 생각한다. 거주민 가가와 요시미 씨는 그 점이 바로 그린빌리지의 장점이라고 말한다.

"그린빌리지에는 마을 만들기의 콘셉트가 있는 점이 마음에 들었습니다. 건축에 조례가 있고 주인 스스로 공유 공간을 관리하는 것에 찬성할 수 있었죠."

그린빌리지에는 주민들의 자치조직이 있어 식물을 키우는 방법이나 나무를 다듬는 방법 등의 연수회가 열린다. 해마다 돌아가며 녹화위원을 정해 지역이 한 덩어리가 되어 신록이 있는 쾌적한 환경을 조성한다. 산책로의 풀을 깎고 정리하며 낙엽을 줍는 등의 일을 주민들이 협력하여 하기 때문에 교류가 생겨나고 지역 커뮤니티가 형성되어 간다. 현재 그린빌리지에는 육아 세대에서 시니어 세대까지 75세대가 생활하고 있다. 부지 내에 들어가면 공원과 공공도로에 이르기까지 주민들의 손길이 세심하게 미쳐 그야말로 히가시카와식 풍경을 이루고 있다.

• 정내회 町内會
마을 내 조직된 주민 자치 조직. 1940년 행정에 도입되어 1943년 법제화되었다.

STANDARD 28

마을의 시스템으로 안심하고 아이를 키우며 아이의 성장을 추구한다

태어나기 전부터 중단 없는 지원

히가시카와는 자녀교육의 매력이 넘치는 곳이다. 뭐니 뭐니 해도 풍요로운 자연이 있다는 점이 첫 번째 이유다. 깨끗한 공기와 물, 식물과 생물과 만날 수 있는 환경에서 아이를 구김살 없이 키우고 싶다고 생각하여 이주해 오는 사람이 많다.

자녀와 시간을 보낼 수 있는 공공의 장이 충실하여 마을 내에는 공원이 20개 정도, 자녀교육과 관련한 공공시설은 10개 정도 있다.

히가시카와에는 출산과 자녀교육에 관한 여러 제도가 준비되어 있다. 예를 들어 자녀가 태어나기 전에는 통상의 원조제도 외에 불임 치료 원조제도가 있다. 건강보험이 적용되지 않는 불임 치료 비용을 마을이 부담한다. 히가시카와에 6개월 이상 거주하고 부인이 43세 미만으로 첫아이를 희망하는 부부(소득 제한이 있다)가 대상이다.

또한 어린이 의료비 원조제도가 있어 0세부터 의무교육을 마치는 15세까지의 아동

자녀교육 지원센터, 유치원, 보육원의 세 기능을 갖춘 모몬가의 집.

에게 드는 보험 적용 입원비 및 통원비를 전액 원조한다. 그 밖에도 자녀교육 세대의 부담을 경감하는 다양한 제도가 마련되어 있어 자녀교육을 응원한다.

출산하고 6개월이 지나고부터는 히가시카와초 유아센터 '모몬가의 집'의 중단 없는 자녀교육 지원이 시작된다. 2002년 문을 연 모몬가의 집은 자녀교육 지원센터, 유치원, 보육원, 이 세 시설이 시가지에 있는 건물 하나에 집약되어 있는 곳이다. 나아가 그 시설들을 통괄하는 마을센터의 '어린이미래과'도 같이 있어 사무 처리 등 원활한 연계가 가능하다.

자녀교육 지원센터에서는 보육사에게 부담 없이 육아 상담을 할 수 있다.

최적의 자녀교육 환경을 추구한 모몬가의 집

자녀교육 지원센터는 보육원에 입소하기 전 0~3세의 유아와 그 어머니들의 교류의 장이다. 월 · 화 · 수요일 오전 9~12시에는 시설의 일부를 개방하여 어머니들이 지켜보는 가운데 보육사가 어린이들을 놀게 한다. 사전에 신청을 하지 않아도 이용할 수 있는 데다가 무료이다. 하절기의 수영장 놀이 등 보육원과 유치원의 원아가 함께 노는 날이 있어서 보육원의 유아들에게는 앞으로를 위한 준비가 되는 셈이다. 인근에 아는 사람이 없어도 여기에 오면 다른 보호자들과 친구가 될 수 있고, 보육사 선생님과 자녀교육에 관해 상담할 수 있어서 안심이라는 이용자들의 의견이 있다.

또한 자녀교육 지원센터에서는 부모가 자녀교육의 고민을 가정에서 떠안고 있지 않도록 하는 대책도 시행하고 있다. 부모의 재충전을 목적으로 한 탁아 서비스가 있는 강좌가 1년에 몇 차례 열린다. 고민거리를 안고 있는 것처럼 보이는 부모에게는 보육사가 전화를 하여 가정 상황을 묻고 육아 노이로제나 가정폭력 등 심각한 사태가 예측되는 경우에는 가정방문을 하기도 한다. 담당 보육사는 "아동은 물론 자녀교육 중인 부모님들이 안심할 수 있도록 최대한 협력하고 싶습니다"라고 말한다. 아직 지원센터를 방문한 적 없는 부모에게는 유아 검진 같은 때에 자연스럽게 말을 걸어 찾아오기 편한 분위기를 만들고 있다고 한다.

자녀교육 지원센터에 다닌 어린이 대부분은 모몬가의 집 유치원이나 보육원에 다닌다. 2016년 2월 현재 원아는 271명. 수시로 입원을 희망할 수 있고, 대기 아동은 제로. 교실은 연령별로 나뉘어 있고 유치원 원아와 보육원 원아가 같이 지내고 있다. 부모의 근무 형태 등에 맞추어 유치원, 보육원을 중도에 바꿀 수 있어 편리성 또한 크다.

원래 히가시카와에는 유치원과 보육원이 따로 있었다. 이 두 시설의 일원화를 앞두고는 아사히카와대학의 교수를 자문으로 영입하고 유치원, 보육원의 교사들과 합동으로 여러 차례 연구회를 열어 교육과정과 보육과정을 편성했다. 보호자회에서도 운영에 대한 논의가 이루어져 2년 이상에 걸쳐 현재의 체제가 만들어졌다.

건물 역시 다양한 아이디어가 더해졌는데, 그중 특기할 만한 것은 식사 공간이다. 눈앞에 조리실이 있어 4~5세 아동은 조리하는 모습을 보면서 식사를 하고 창문으로는 초등학교 교문이 보인다. 간식 시간이 마침 초등학교의 하교 시간에 해당하므로 형제가 하교하는 모습을 발견하고는 손을 흔드는 원아가 눈에 띄기도 한다.

어린이 한 명 한 명이 마을의 미래를 만든다

히가시카와의 특색 있는 교육을 실현하는 새로운 초등학교가 설립되었다. 현재의 히가시카와 초등학교는 홋카이도대학 공학연구원 도시디자인학 연구실의 협력으로 기본 계획이 세워져 2014년 10월 현재의 교사로 이전했다.

부지는 전부 합하면 16헥타르(약 16만m²)로 매우 넓고 소년단 등이 활동하는 야구장, 축구장, 농사 체험을 하는 체험 농원, 과수원 등이 있다. 건물은 초등학생 돌봄 시설과

히가시카와 초등학교의 교실과 교실 사이에는 벽이 없어 아이들은 개방된 환경에서 학습한다.

주민이 이용할 수 있는 교류플라자 등이 있는 지역교류센터가 병설되어 있어 통상의 초등학교에 커뮤니티 기능을 더한 시설로 되어 있다.

학교의 내부는 인구 8천 명 규모 자치단체의 초등학교라고는 생각되지 않는다. 각 교실은 벽이 없이 개방되어 공간이 넓다. 특별히 지원이 필요한 아동을 위한 설비도 갖추어져 있다. 공기조절은 환경을 배려하여 히트펌을• 채용했다. 급식은 이 지역의 식자재를 사용한 단독조리방식으로•• 대략 350명의 전교생이 모여 일제히 식사를 한다. 학생들이 사용하는 의자와 책상은 마을 내 가구 장인들이 만든 것이다.

그 밖에도 복도의 오브제나 도서관의 서가에 이르기까지 히가시카와다운 목공예 작품이 곳곳에 있다. 이렇게까지 심혈을 기울여 초등학교를 만드는 것은 마을의 미래를 만드는 것이 바로 이곳에서 배우고 자라나는 아이들이라고 생각하기 때문이다.

교육 내용은 '향토 교육'에••• 주력하고 있으며 농가의 협력을 받아 모내기와 벼베기 체험 등을 커리큘럼에 넣고 있다. 한 학년은 두 반으로 편성되며, 그와는 별개로 학력 수준에 따라 반을 나누고 특별 지원 인원을 배치하여 각각에 맞춘 지도를 하고 있다. 수업을 따라가지 못하는 아동이 생기지 않도록 하기 위해서이다.

학교를 통폐합한 것은 아니지만 히가시카와 초등학교의 이전에는 주민들의 반대의 소리도 있었다고 한다. 마을은 수차례 전문가를 초빙하여 설명회를 열어 모형을 만드는 등 주민들에게 계획을 세심하게 전달했다. 예산에 대해서도 모든 것을 공개하여 불안을 해소하고 주민의 이해를 얻기 위해 충분히 대화를 나누어 갔다.

현재 히가시카와 초등학교는 마을 밖에서 찾아오는 시찰이 끊이지 않는다. 마을의 미래는 어떻게 되어 갈까. 졸업해 가는 아이들의 성장을 지역에서 지켜보고 있다.

위 학교 내부에는 가구 장인과 목공예가의 손길에서 태어난 작품이 곳곳에 있어 온기를 낳는다. **아래** 히가시카와 초등학교 전교생은 약 350명. 어린이들이 마을의 미래를 만들어 간다.

• 히트펌
적은 에너지를 투입하여 공기 중에서 열을 모아 커다란 열에너지로 이용하는 기술. 에어컨이나 냉장고 등에도 이용되고 있는 에너지 절약 기술이다.

•• 단독조리방식
교내에서 급식을 직접 조리하는 방식. 우리나라는 대체로 직영급식방식이다.

••• 향토 교육
어린이들이 홋카이도에 대해 이해하고 애착과 자부심을 갖도록 하기 위한 교육.

STANDARD 29

진심이 담긴 국제화 전략으로 교류를 늘려 정착을 뒷받침한다

일본 최초로 공립 일본어학교를 개교

히가시카와의 음식점에 들어서면 여기저기에서 다양한 언어가 날아든다. 슈퍼마켓의 선반에는 상품명은 영어, 중국어, 한국어 등 여러 언어로 쓰여 있다. 편의점에 들어가면 가게에 있는 손님이 모두 외국인인 사태도 드물지 않다. 히가시카와는 작은 마을이지만 글로벌한 마을이다.

사진의 마을 선언으로부터 30년. 주민센터는 현재 다음 30년을 위해 씨앗을 뿌리고 있다. 그것이 바로 국제교류 사업이다. 저출산으로 일본 전체의 어린이 수가 감소하고 있는 가운데 주목받고 있지 않는 다른 국가들과의 교류를 증대함으로써 지역에서 그들의 활동이 활발해져 상주 인구를 뒷받침한다는 장기적인 전망에 마을의 미래를 걸고 있다.

원래 히가시카와초는 사진의 마을 조례 제1조에서 "사진을 매체로 삼아 국제적인

일본어학교에서 강의를 듣는 연수생들. 지금까지 16개국 및 지역에서 1,500명이 거쳐 갔다.

사진 문화 수도 선언

1985년 우리는 '자연'과 '사람', '사람'과 '문화', '사람'과 '사람'
각각의 만남 속에 감동이 태어나는 '사진의 마을'을 선언하고,
사진 문화를 통해 정취와 활력이 있는 마을 만들기에 분투해 왔습니다.
30년에 걸친 '사진 문화'에 대한 공헌은 우리 주민의 커다란 자랑이 되었습니다.
우리는 사진 문화를 통해 '이 작은 마을에서 전 세계의 사진과 만날 수 있기를,
이 작은 마을에서 전 세계 사람들과 교감할 수 있기를,
이 작은 마을에서 전 세계의 미소 띤 얼굴이 넘치기를' 희망합니다.
'맛있는 물', '단 공기', '풍요로운 대지'를 자랑할 수 있는 훌륭한 환경을
자부심으로 만드는 히가시카와초가 30년에 걸친 '사진 문화'를 축적하고,
그리고 지역의 힘을 토대로 삼아 개척 120년을 맞는 지금,
우리는 미래를 향해 균형 잡힌 마을 만들기를 목표로
'찍는다, 남긴다, 전한다'는 마음을 소중하게 사진 문화의 중심으로 삼고,
사진 문화와 세계의 사람들을 잇는 역할을 담당할 것을 결의하며 여기에 '사진 문화 수도'를 선언합니다.
2014년 3월

교류와 사진 문화를 통해, 세계에 개방된 자연과 문화가 조화를 이룸으로써 활력과 정취가 넘치는 사진 문화 수도라는 마을 만들기의 추진을 도모한다"라고 하며, 자매 도시 제휴 등 국제교류사업에 힘을 기울여 왔다.

그 흐름을 보다 분명하게 하기 위해 2014년 3월 '사진 문화 수도'를 선언했으며, 미래를 향해 아시아 나아가 세계를 의식하며 국제교류를 적극적으로 추진하고 있다.

자매도시	문화교류 제휴도시	우호교류 제휴도시
캐나다 앨버타주 캔모어	한국 강원도 영월군	한국 전라북도 장수군
라트비아공화국 루이에나주 루이에나		

일본어 교육사업으로 유대 관계의 네트워크를 세계로

히가시카와초는 외국인이 히가시카와를 찾을 계기가 되는 통로를 여럿 갖추고 있는데, 그중에서 특기할 만한 것은 일본어 교육사업이다. 연수로 일본어 능력을 향상시키는 것은 물론 다도와 검도 등 일본 문화를 체험할 수 있는 수업도 하고 있다. 또 사진

촬영과 목공예품 제작, 아시히다케 등산, 스키 등 히가시카와초를 깊이 알게 하는 프로그램이 있다.

연수생은 마을 내에 있는 히가시카와초 국제교류회관이나 국제교류회관 마메종 히가시카와에서 생활하며 아침과 저녁 식사가 제공된다.

지금까지 대만, 한국, 태국, 중국, 우즈베키스탄, 베트남, 라트비아, 인도네시아 등 동아시아 여러 나라를 중심으로 16개국에서 연수생이 왔다. 2009년 사업이 개시되어 2015년에는 수용 인원이 1,500명을 돌파했다. 그 실적에 입각해 2015년 10월에는 히가시카와 정립 히가시카와 일본어 학교가 개교했다. 구 히가시카와 초등학교 교사를 재이용하는 이 학교는 일본 최초의 공립 일본어학교다.

연수는 6개월과 1년 코스가 있으며, 히가시카와에 체재한 유학생들은 잠재적인 히가시카와 팬이 되는 경우가 많다. 실제로 귀국 후 다시 히가시카와를 찾는 사람이 많고 수강 후에도 히가시카와초와의 인연이 이어져 타이베이에서는 동창회가 열렸다고 한다.

이런 유대 관계의 네트워크를 유지하고 강화하기 위해 주민센터는 해외사무소를 설치하여 2013년 타이베이에 홋카이도 히가시카와초 대만관광 안내소를 개설했다. 이어서 2014년에는 태국 방콕에 홋카이도 히가시카와초 유학생지원 태국사무소를 개설했고, 2015년에는 한국과 중국에도 설치했다. 히가시카와초를 찾을 연수생과 유학생의 모집 · 관광 유치를 하고 있다. 이 또한 인구 8천 명 규모의 자치단체에서는 이례적인 사례이다. 더욱이 히가시카와가 주로 베트남과 태국 등의 국가들과 적극적으로 관계를 쌓는 이유는 그 나라들의 장래성에 있다. 앞으로의 성장 가능성을 내다보고 미래를 위해 관계를 구축하고 있는 것이다.

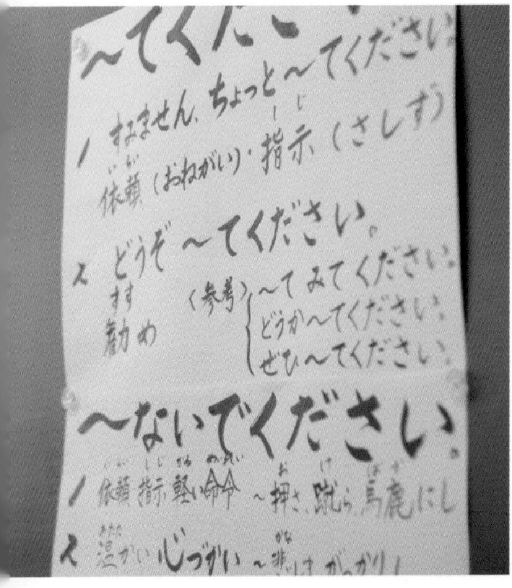

연수는 6개월 또는 1년 코스가 있고 과외 활동이 충실하다.

민간과의 연계 면에서는 기타공학원 아사히카와 복지전문학교가 2014년 히가시카와에서 일본어학과를 설치하여 한국, 대만, 중국, 태국, 베트남, 인도네시아 등에서 100명이 넘는 학생을 받아

이벤트를 개최하거나 해외에 관광안내소를 설치하는 등 교류를 돈독히 하고 있다.

들이고 있다. 히가시카와의 행정은 장학금 제도를 마련하는 등 적극 협력하면서 일본어 교육에 매진하고 있다.

외국인이 있는 것이 당연한 마을로

그 밖에도 JET프로그램을• 통해 외국어 지도조수 3명(미국 · 캐나다), 국제교류원 5명(한국 · 중국 · 라트비아 · 태국 · 우즈베키스탄), 스포츠 국제교류원 2명(핀란드 · 브라질) 등 외국인 직원을 다수 배치하고 있다. 초등학교에서는 브라질 출신 축구 선수가 축구 수업을 하는 등 다양한 분야에서 국제교류를 추진하고 있다. 인구 8천 명 규모에서 외국인 직원을 이 정도로 두고 있는 마을은 일본 어디에도 없다. 외국인 주민등록자 수는 2015년 12월 현재 188명을 헤아린다.

이러한 국제적인 색채가 풍부한 환경 속에서 주민 사이에는 '외국인이 있는 것이 당연하다'라는 의식이 자리 잡고 있으며 외부인을 받아들이는 풍토가 점차 함양되어 가고 있다.

• JET프로그램
The Japan Exchange and Teaching Programme
일정 자격 조건을 갖춘 해외의 젊은이를 지방자치단체 등에서 임용하여 국제교류 활동, 어학 지도 등에 종사하도록 하는 일본의 사업.

INTERVIEW

지방행정은 매우 어렵다고 하지만, 부정적인 것을 긍정적인 것으로 바꾸는 발언을 해야 힘이 납니다

마쓰오카 이치로(히가시카와초 정장)

2003년부터 히가시카와초 주민센터에서 정장으로 일하고 있는 마쓰오카 이치로 씨. 항상 새로운 일에 도전하고 활기 넘치는 주민센터는 어떻게 탄생했을까.

주민센터의 직원들은 좋은 의미에서 공무원답지 않다는 평판이 자자합니다. 왜일까요?

프로란 그 분야에 정통하고 스스로 움직이며 설득력을 지닌 일을 하는 사람들입니다. 우리는 공무원 프로입니다. 공무원은 주민 여러분에게 행복과 번영, 안심과 안전을 제공하는 것이 일이죠. 국가가 지시한 일을 해내는 수동적 자세로는 프로라고 할 수 없습니다. 저는 주민센터는 좀 더 스스로 생각하고 결단하여 매사를 추진해야 한다는 생각을 오래전부터 강하게 갖고 있었습니다.

그럼 어떻게 그런 직장을 만들어 낼 것이냐. 직원 한 사람 한 사람이 활기차고 능동적으로 일하는 체제로 만들려면 인사밖에 없습니다. 지금까지의 주민센터는 '저 부서일은 저 사람만이 할 수 있다'라는 인식이 많이 있었는데 정말 그럴까요? 어차피 할 거라면 전임자보다 나은 일을 하고 싶은 게 사람의 당연한 심리죠. 또 금방 부서가 바뀐다면 색다른 일을 할 수 없습니다. 향상심이란 그런 것입니다. 그래서 인사이동을 근본적으로 바꾸었습니다. 누가 어느 일을 담당해도 확실히 좋아지는 모습을 보임으로써 주민센터의 수준이 조금씩 높아진다고 생각합니다. 직장에 '저 사람만이 할 수 있다'라는 '전문가'를 만들어서는 조직은 제대로 성립하지 못하게 됩니다.

누구 아니면 일이 돌아가지 않는다는 경우가 있지 않을까요?

중요한 것은 한 사람 한 사람이 자신을 드러내지 않는 것입니다. '내가'라는 의식이 강한 사람은 "내'가' 이 건물을 만들었다", "내'가' 이 행사를 했다"라고 말하지만, 그렇지 않습니다. 주민센터 직원이기 때문에 할 수 있었던 것일 뿐이고, "나'도' 같이한 것"입니다. '내가'가 아니라 '나도'라는 태도가 직원 한 사람 한 사람에게 갖추어지면 바람직합니다.

직원은 자진해서 자주 출장 가고 있다죠?

직원의 사기를 북돋우려면 우물 안 개구리여서는 안 됩니다. 뛰어나다고 느끼는 사람과 만나

자극을 받아야 합니다. 직원들에게는 우선 외부로 나가라고 말합니다. 반대로 외부에서 찾아오면 반드시 만나고 그냥 돌려보내지 않습니다. 고작 직원 100명 정도의 주민센터에서 아이디어를 내는 데에는 한계가 있습니다. 외부에서 오는 것을 어떻게 흡수할 것인가. 분명하게 말해 저도 아이디어는 없습니다. 사람과 만날 때는 서로에게 좋은 무언가를 할 수 없을지 항상 모색합니다.

…

"세 가지 '없다'는 없다" 등 부정적인 것을 긍정적인 것으로 전환하는 발상은 어디에서 오나요?

지방행정은 자주 '자금이 없다', '대단히 어렵다'고 하지만, 그런 말을 해봤자 아무도 도와주지 않습니다. 그보다는 부정적인 것을 조금이나마 도움이 되는 긍정적인 쪽으로 발언하는 편이 자신도 기운이 나겠죠. 어려울지 쉬울지는 해봐야 알 수 있습니다. 깊이 생각하면 할 수 없게 되니까 우선 해본다, 안 되면 수정하면서 한다, 이런 거죠.

…

'전례가 없는 일이야말로 도전해 본다'라는 생각을 갖고 계시죠?

다른 사람이 하지 않는 일이야말로 기회라고 생각합니다. 성공하는 사람을 보면 착안점이 다릅니다. 설사 착수할 때에는 결과가 보이지 않더라도 해봄으로써 다양한 파급효과가 있는 거죠.

…

이주자가 증가하고 있는 것에 대해서는 어떻게 생각하십니까?

서로 잘 맞았던 거죠. 여러 사람이 마을의 가치를 인정하고 알려 주는 것이 마을의 커다란 가치입니다. 마을로서는 노력하고 있는 사람, 활동하고 있는 사람을 소중하게 여기는 것이 중요합니다.

다윈에 따르면 지금까지 살아남은 생명은 힘이 세서가 아니라 환경에 적응하고 진화해서입니다. 우리도 항상 진화해 가지 않으면 마을은 반드시 쇠퇴할 겁니다. 먼저 자극을 받아들이지 않으면 진화하지 못하죠. 진화를 어떻게 선택할 것인가. 적극적으로 협력해 나갑니다.

STANDARD 30

주소를 갖지 않아도 '마을의 일원'으로

고향납세를 투자제도의 시스템으로 생각한다

히가시카와초는 지역 밖에 살지만 마을에 관심과 애착을 가진 사람들의 힘을 활용하고 히가시카와초의 미래를 함께 만드는 '히가시카와 주주제도'라는 시스템을 운용하고 있다.

이것은 주민세 등 세법상의 공제를 받을 수 있는 고향납세의 틀을 활용한 것인데, 지역의 특산품을 제공할 뿐 아니라 히가시카와초가 제안하는 4가지 프로젝트, 7가지 사업 중 투자하고 싶은 사업을 선택하게 한다. 투자는 1주 1천 엔 이상으로 하고 주주로서 마을 만들기에 참여하게 한다는 취지다. 2008년 9월부터 모집을 시작한 이 제도는 2015년 12월에는 시작 후 7년간 신규 주주로 등록한 사람이 5,929명을 기록하였고, 투자누계액은 약 1억 9천만 엔(2020년 10월 1일 기준 약 21억 원)이다.

주주가 되면 주주증의 발행, 주주 우대(우대 상품), 히가시카와 토산물, 주주 배당 등이 있고 히가시카와초의 공공시설 · 가맹점 등의 이용 시 우대 등의 혜택을 누릴 수 있을 뿐 아니라 마을 밖에 거주하는 주주는 특별주민으로 인정된다.

4가지 프로젝트, 7가지 실시 사업의 내용

자세한 내용은 웹사이트 town.higashikawa.hokkaido.jp/stocks 참고

프로젝트	실시 사업
사진 문화를 지키고 육성한다〈사진의 마을 프로젝트〉	1. 사진의 마을 정비사업 2. 오너스 하우스 정비사업 3. 사진고시엔 영화제작 지원사업
좋은 일에 공헌한다〈좋은 일 프로젝트〉	4. 자연 산책로 정비사업 5. 히가시카와 와인 사업
수자원과 지구 환경을 지킨다〈ECO 프로젝트〉	6. 물과 환경을 지키는 숲 만들기 사업 (왼쪽 페이지 사진)
미래의 시대를 구축하는 어린이를 기른다〈어린이 프로젝트〉	7. 올림픽 선수 육성사업

주주로부터 투자를 받은 각 프로젝트가 목표 금액에 달하면 마을의 사업으로 실시한다(프로젝트는 변경되기도 한다). 예를 들어 'ECO 프로젝트' 사업 실시 때에는 마을 안팎의 주주에게 참여를 촉구하여 마을 내 시찰, 주민 교류, 나무 심기 체험 등을 했다. 마을을 방문한 주주는 훌륭한 자연환경 속에서 주민과 만나고 대접을 받으며 직접 심은 나무들의 성장에 관심을 가짐으로써 하기사카와와의 유대감이 깊어진다.

'기부 · 특산품'의 관계에 '투자 · 참여'를 더하다

이 제도는 고향납세 이용자를 '기부 · 특산품'이라는 관계에 한정하는 것이 아니라 '투자 · 참여'라는 관계로도 관여하도록 설계했다. 주주 중에는 히가시카와초를 응원하여 히가시카와의 매력을 주위에 알리거나 투자를 하고 나아가 직접 사업에 참여하는 사람도 있어서, 결과적으로 교류 인구 · 정착 인구의 증가로 이어지는 선순환을 낳고 있다.

마을 관계자는 "정주 인구 약 8천 명에 더해 마을 밖에서 응원하는 특별주민을 더한 1만 명의 마을로 생각한다"고 말한다. 히가시카와에 거주하지 않는 주민도 히가시카와초의 일원으로서 마을과 관계를 맺어 가는 미래를 지향하고 있다.

STANDARD 31

투자회수부터 생각하는 정책으로 새로운 중심축을 창출한다

히가시카와 초등학교 사례와 몽벨 사례

히가시카와는 놀라움이 있는 마을이다. 커다란 변화로는 2012년 아웃도어 브랜드 몽벨이 매장을 오픈했다. 2014년에는 히가시카와 초등학교가 이전·신축되어 건축 디자인과 교실 공간 등이 주목을 모으고 있다.

인구 8천 명, 2014년도의 일반회계(세입) 약 83억 엔이라는 재정 규모의 자치단체라고 생각하면 크게 놀랄 만하다. 그 의문을 히가시카와초의 관계자에게 던지자, "히가시카와 초등학교는 정(町) 부담률이 낮은 지방채를 활용하고 있어 10년 정도로 투자회수가 전망된다"라고 명쾌하게 대답했다. 교사 건설비는 약 38억 엔, 지구공원 전체를 포함하면 약 52억 엔이 투자되었다. 구체적으로 어떻게 회수할까.

히가시카와초에서는 히가시카와 초등학교·지역교류센터 건설을 위해 〈헤이세이 24년도 히가시카와초 재정운영계획(2012~2017년)〉을 세워 장래 재정 운영의 건전성을 확보하기 위해 상세한 검토를 했다. 그에 따르면 히가시카와 초등학교 등의 건설 기채

정립 히가시카와 초등학교. 약 10년으로 투자회수를 계획하고 있다.

의 합계는 약 32억 엔. 그 가운데 약 67.7퍼센트가 교부세로 보전되므로 실질적인 차금은 11억 5천만 엔으로 시산되었고, 또한 상환 재원으로서 감채기금을 적립하고 있다고 한다. 그것을 근거로 10년 정도면 투자를 회수할 수 있다고 전망하는 것이다. 이에 더해 이 사업은 건설에 의한 파급효과가 있는 데다가 교육 환경의 향상, 이주・정주 촉진을 위한 자녀교육 환경의 확충 등으로 이어지기 때문에 미래의 마을 만들기에서도 불가결한 것이라고 파악하고 있다.

몽벨 다이세쓰 히가시카와점. 높은 재정 효과와 경제 효과를 예상하고 유치했다

이어서 몽벨의 사례를 보면 중심가의 빈터, 빈 점포 대책, 상점가의 재생・활성화를 위해 상공회와 관광협회가 몽벨을 유치했으며, 그것을 실현하기 위해 마을이 시설을 건설했다. 또한 상점가 활성화, 시설의 이용・활용 제안의 공모를 거쳐 몽벨이 임대인으로 결정되었다.

투자 효과, 투자회수를 생각한 사업 전략

여기에서도 투자 효과, 투자회수라는 사고방식으로 사업 전략이 짜여 있다.「히가시카와 의회 소식」제154호(2011년 8월 1일 발행), 제157호(2012년 5월 1일 발행)를 토대로 정리하면 건설비는 약 1억 엔(2020년 10월 1일 기준 약 11억 원)이 소요된다. 그 내역은 홋카이도의 보조금이 약 3,800만 엔, 기금이 6천만 엔이다. 예상 수입으로는 몽벨의 임대료가 연간 120만 엔 들어옴으로써 이자 운용보다 15배 가까운 운용 수익을 확보할 수 있고, 또한 법인세가 들어와 5~8년이면 투자는 회수될 예정이다. 그리고 주민의 고용 기회와 주변 상점과의 시너지 효과 등 재정 효과와 경제 효과가 예측되었다.

몽벨이 개업한 지 3년이 지났다. 이 사이에 카페・레스토랑・셀렉트 숍 등의 전문점이 다수 개업했고, 중심지에는 빈 점포가 감소했고 주변부에서는 주거의 일부를 활용한 점포와 농가를 리모델링한 음식점이 문을 열고 있다. 주말이 되면 음식점에 줄이 생기는 광경을 보게 되었다. 여담이지만 몽벨 다이세쓰 히가시카와점의 실적은 순조로워 몽벨은 자연이 풍요로운 지역, 아웃도어를 즐길 수 있는 지역으로 매장 신설이 증가하고 있다고 한다.

STANDARD 32

'마을 만들기의 관점에서 생각하는 상업'이 지역의 활력을 낳는다

협동이 창출하는 새로운 사람의 흐름

예전에 지방도시 중심지의 상점가는 지역 주민의 생활에 밀착한 쇼핑의 장이었다. 그러나 1980년대부터 트렌드로서 교외 개발이 추진되어 중심가가 서서히 공동화하면서 상점가의 쇠퇴가 시작되었다. 대형 상업시설이 교외에 문을 열면서 소비의 장이 중심가에서 교외로 옮겨 갔다.

상점가 쇠퇴의 또 하나의 원인으로 맞벌이와 1인가구의 증가에 동반하는 라이프 스타일의 변화에 대응하지 못했다는 점도 있다. 이렇게 하여 소비자는 편리한 대기업 체인점에서 쇼핑을 하게 되고 그 돈은 지방에 환원되지 않게 되었다.

그런 시대의 흐름 속에서 히가시카와에서는 상공회가 중심이 되어 마을 만들기의 관점에서 상업을 재점검하고자 했다. 시행착오를 되풀이하면서 새로운 사람의 흐름을 만들어 내고 특색 있는 비즈니스를 전개하고 있다.

마을의 중심 도로 홋카이도도 1160호. 아하시카와시에서 덴닌쿄온천, 아사히다케온천을 잇는 자동차의 통행이 많다. 상점 대부분이 이 도로를 따라 줄지어 있다.

‘협동’으로 목조 간판을 만들어 히가시카와다움을 형태로

목각 간판 설치사업으로 만들어진 간판의 일부. 시설의 특징과 상점의 세일즈 포인트 등을 표현하여 90여 개 설치했다. 공예가들도 제작을 도왔다.

약 30년 전 마을의 인구가 감소해 가던 중 현재의 히가시카와초 상공회장 하마베 게이 씨를 비롯하여 U턴 · I턴한• 젊은이들이 히가시카와에 사람을 불러 모으자고 나섰다. 상공회 청년부 멤버이던 그들은 갓 출발한 ‘사진의 마을’ 사업에 맞추어 ‘히가시카와다움이란 무엇인가, 사진이 잘 받는 포토제닉한 마을이란 무엇인가’를 논의했다.

1986년 상공회 청년부 부장 등이 시찰을 간 유럽 현지에서 인상에 남은 돌출 간판에서 힌트를 얻었다. 목공예가 번성한 히가시카와답게 목각 간판을 만들자는 움직임이 일어나 히가시카와의 큰 도로, 아사히카와시에서 덴닌쿄온천, 아사히다케온천을 잇는 홋카이도 도로 1160호를 따라 각 상점과 조직, 단체의 간판을 다는 ‘목각 간판 설치사업’이 시작되었다.

우선 히가시카와의 얼굴인 상점가 가게의 간판부터 착수하여 각 점포의 점주들은 매일 일이 끝난 후 제작에 몰두했다. 자기 상점의 특징과 세일즈 포인트를 토대로 디자인을 고안하고 처음에는 직접 조각을 했지만, 마침내 마을에 거주하는 공예가들도 끌어들였다. 상점가에 있는 창업 60여 년의 케이크 전문점 덴게쓰안의 2대째 점주이자 상공회 멤버인 다카시마 이쿠히로 씨는 이렇게 회고했다.

“처음에는 선배에게 이야기를 듣고 마지못해서 했죠. 하지만 텔레비전 방송국이 취재를 해가는 등 주위의 반응이 좋아서 도중에 생각이 바뀌어 갔어요. 히가시카와를 좋은 마을로 만들기 위해 자신이 할 수 있는 것은 이것뿐이라고 생각했습니다.”

• U턴 · I턴
U턴은 지방 출신이 도시로 나갔다가 출신지로 돌아오는 것, I턴은 도시에서 나고 자란 사람이 지방으로 이주하여 정착하는 것을 이른다.

목각 간판은 최종적으로 전부 90여 개가 완성되었다. 점포뿐 아니라 우체국과 경찰서, 학교 등에도 목각 간판이 나란히 걸려 있는 광경은 '히가시카와다움' 자체이다. 지금도 여전히 히가시카와를 방문하는 사람들의 눈을 즐겁게 하고 있다.

차세대로 이어지는 가치관의 연쇄

목각 간판 설치사업으로 극적으로 관광객과 이주자가 증가할 수록 마을 만들기는 쉽지 않았지만, 30년 전 상공회의 움직임으로 '모두 함께 좋은 마을을 만들어 가자'라는 분위기가 조성된 것은 확실하다. 중심가에 활기가 돌아온 것은 2000년에 생긴 미치쿠사칸 덕이 컸다. 2012년에는 그 이웃에 몽벨 다이세쓰 히가시카와점이 문을 열었다. 마을의 중심에 사람의 흐름이 생기고 상점가의 빈 점포에 새로운 상점이 속속 문을 열었다.

그리고 성인이 되어 마을을 떠났던 하마메 회장의 자녀들 세대(단카이 주니어 세대•)가 U턴해 돌아왔다. 그들은 삿포로나 도쿄 혹은 해외에서 살며 얻은 인맥과 직업적 노하우를 갖고 돌아와 독자적인 스타일로 비즈니스를 전개하며 히가시카와에만 있는 가치를 체현하고 있는 것이다. 또 I턴한 사람도 자신들다운 장사를 시작하고 있다. 그들은 '히가시카와다운 생활'의 가치를 추구하고 30년 전과 마찬가지로 마을에 새로운 바람을 불어넣고 있다.

미래를 짊어질 세대의 한 사람인 이자카야 리시리의 나카타케 에이토 씨는 "우리가 히가시카와에서 이 마을의 풍요로움을 실감하면서 보다 나은 라이프 스타일을 쌓아 가면 그것이 자연스럽게 히가시카와의 홍보가 되어 찾아오는 사람이 증가해 가지 않을까 생각합니다"라고 말한다. 리시리는 계절마다 도쿄에서 찾아오는 손님이 있을 정도로 인기가 있다. 맛에 대한 고집은 말할 것도 없고 가게의 분위기와 점주의 모습도 친숙해지는 이유다.

히가시카와의 평판은 주로 실제로 방문한 사람들의 입소문으

• 단카이 주니어 세대
일본에서 연간 출생아 수가 200만 명을 넘은 1971~1974년생(제2차 베이비붐)을 가리킨다. 제1차 베이비붐인 1947~1949년에 태어난 단카이 세대와 달리 단카이 주니어 세대는 대다수가 도시에서 자랐고 진학률이 높아 치열한 입시를 거쳤으며, 이들이 취업할 무렵에는 버블경제가 무너져 우리나라 IMF 당시와 같이 취업 빙하기를 겪었다. 단카이(團塊)란 '덩어리·뭉치'라는 의미로, 이 세대의 인구수가 많은 탓에 인구분포도를 그리면 덩어리처럼 보인다 하여 이런 이름이 붙었다.

로 홋카이도 전역에 퍼져 있다. 인터넷이 보급되어 본질적인 것에서 공감이 연쇄적으로 이어지면 대대적인 광고와 홍보, 이벤트를 하지 않아도 사람은 찾아온다.

시대와 더불어 마을에 사람을 부르는 방법은 달라졌으나, 고향을 사랑하고 동료와 좋은 마을을 만들어 가고자 하는 정열만은 변하지 않아 끊임없이 마을의 활력을 만들어 내고 있다.

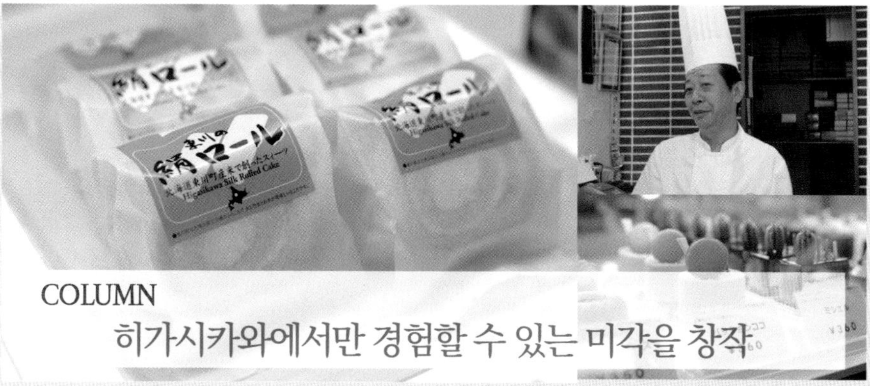

COLUMN

히가시카와에서만 경험할 수 있는 미각을 창작

마을 내 오래된 과자점 덴게쓰안의 다카시마 이쿠히로 씨는 상공회에서 '히가시카와다움'을 알리기 위해 힘쓴 목각 간판의 제작이 끝난 후에 '히가시카와다움'을 계속 생각했다. 그리고 히가시카와의 식재료를 이용한 상품 개발을 생각해 내고 약 15년 전 히가시카와 쌀로 만든 쌀가루를 이용해 시폰케이크를 완성했다.

"도쿄에서 만들기보다 히가시카와에서 만드는 편이 훨씬 설득력이 있어 손님들이 좋아해 주십니다. 그런 상품을 만들고 싶었죠."

처음 2년간은 10개 중 2개밖에 팔리지 않는 날이 이어졌지만, 어느 날 규슈의 한 백화점 바이어의 눈에 들어 "2주간 매일 100개를 보내 달라"는 주문을 받았다. 그러고 나자 쌀가루 시폰케이크는 인기에 불이 붙어 전국의 물산전에서 발주가 들어오는 히트 상품이 되었다.

이후 덴게쓰안에서는 시폰케이크 외에도 마을 내 두부가게와 협업한 두부푸딩과 유럽에 있는 산의 이름에서 유래한 몽블랑에 맞서 '아하시다케'라고 이름 붙인 오리지널 케이크를 만드는 등 히가시카와에서만 가능한 상품을 쉼 없이 개발하고 있다. 그런데 최근 다카시마 씨는 상품을 히가시카와 이외의 지역으로 출하하는 것을 중지하기로 했다.

"매상만 생각하면 전국 백화점의 물산전 등에 내보내는 게 좋지만 손님이 히가시카와의 공기 속에서 우리 가게의 케이크를 맛보게 하고 싶습니다."

다카시마 씨는 앞으로도 히가시카와다움이란 무엇인지를 생각하여 히가시카와에서만 제공할 수 있는 가치를 표현해 가고 싶다고 한다.

INTERVIEW

지역이 생존해 가기 위해서는 '그 지역다움'을 어떻게 활용할 것인가 발상의 전환이 필요합니다

하마베 게이(히가시카와초 상공회 회장)

하마베 게이 씨는 30년 전 U턴하여 정의회 의장, 관광협회 대표이사, 상공회 회장을 역임. '마을 만들기의 관점에서 생각하는 상업'의 담당자 중 한 사람에게 히가시카와의 '지금까지와 지금부터'를 들었다.

오래전에 히가시카와에 U턴한 이유는 무엇인가요?

저는 히가시카와에서 약국을 하는 집안에서 태어나고 자라 고등학교를 졸업한 후에는 대학에 진학하지 않고 서른 살 정도까지 일본 곳곳을 여행했습니다. 전국을 돌아보고 히가시카와만큼 조건이 좋은 곳이 없다는 사실을 깨달았죠. 히가시카와에는 1차산업(농업), 2차산업(목공), 3차산업(관광)의 균형이 잘 잡혀 있습니다. 이것은 최대의 강점이죠. 이 점을 활용하면 재미있는 마을을 만들 수 있겠다고 생각해서 돌아오기로 했습니다.

어떻게 마을 만들기에 몰두하게 되셨나요?

돌아왔을 때 마을 사람들은 지금보다 배타적이고, 마을의 장점을 깨닫지 못하고 있었습니다. 상공회 멤버를 비롯해 당시의 정장에게 '히가시카와다움'을 물었죠. 지역이 생존해 가려면 '그 고장다움을 어떻게 살릴 것인가'라는 발상을 해야 합니다. 다이세쓰잔이나 전원 풍경 같은 것은 보편적인 히가시카와다움입니다. 그렇다면 그에 어울리는 건물과 라이프 스타일을 만들어 내자고 생각한 거죠. 이를테면 멋내기와 같은 거죠. 히가시카와에는 콘크리트보다 목조 건축이 어울립니다. '갑자기 옷을 몽땅 바꾸기는 어려우니까 우선 넥타이부터 바꾸자'와 비슷한 마음으로 가게의 간판부터 착수한 거예요. 그것이 바로 '목각 간판 설치사업'입니다.

'사진의 마을' 사업에 대해서는요?

찬성했습니다. 모두가 공통의 목표를 향해 분발하는 것은 좋은 일입니다.

현재 이주자가 증가하고 있는 것은 '사진의 마을'을 지속적으로 해왔기 때문이라고 생각하시나요?

결과론이 되겠지만, 아무 계획도 없으면 결과를 얻을 수 없습니다. '사진의 마을'에 매진할 필연성은 없었을지 모르지만 계속하는 데에는

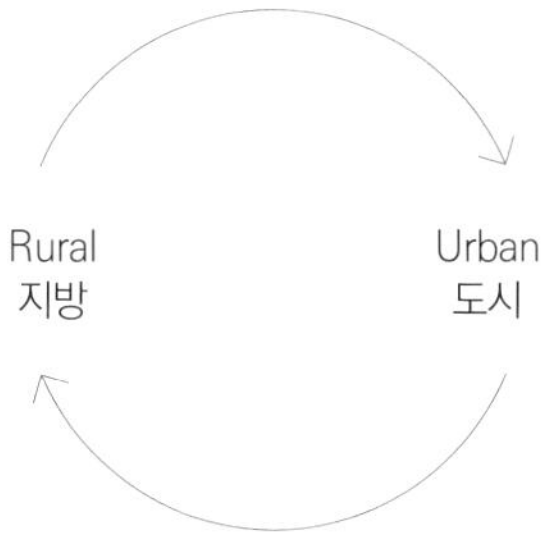

의미가 있었습니다.

그렇지만 당시에는 마을 사람끼리도 찬반양론이 있었다고 들었습니다.

'사진의 마을'이나 '목각 간판'이나 여러 비판이 있었습니다. 하지만 비판이라는 것은 '나도 멤버에 끼워 줘'라는 외침입니다. 그러니까 '불평할 거면 해봐, 해서 결과를 내봐'라고 부딪치며 동료로 받아들이는 거죠. 나는 분명하게 말하고 토론도 많이 합니다. 그렇게 제대로 의견을 나누는 것이 중요합니다.

히가시카와의 행방을 어떻게 보고 계십니까?

다음 세대에게 마을 만들기를 넘겨주는 것을 최대 과제로 삼고 있습니다. 지금은 미래 30년을 결정하는 터닝포인트입니다. 우려하는 점은 히가시카와가 일종의 붐으로 끝나 버릴까 하는 것입니다. 알맹이가 없다면 화제가 되는 것만으로는 의미가 없죠.

다음 세대는 부모의 대를 잇는 데에 안주해서는 안 됩니다. 저항 정신을 가져야 합니다. 그리고 시대의 변천에 어떻게 대처해 가느냐, 역사에 입각해 결정해 가주기를 바랍니다.

히가시카와뿐 아니라 지방의 마을 만들기는 어떤 과제를 안고 있다고 생각하시나요?

단도직입적으로 말하자면 시골은 피폐해질 대로 피폐해져 있습니다. 어느 지방이나 우수한 사람은 모두 도시로 가버립니다. 학교나 대기업의 입지에서도 알 수 있듯이 일본이 그런 시스템으로 되어 있으니까요. 시골이 도시의 인재 공급원이 되어 버린 셈이죠.

그런 중에서 정도의 차는 있지만 어느 지방이나 분투하고 있습니다. 전체를 조감하여 도시에는 도시의 역할, 지방에는 지방의 역할이 있음을 이해해야 합니다. 예를 들어 교통망을 정비해서 사람이 움직이기 쉽도록 하는 방법이 있습니다. 사람이 움직이면 돈도 움직이는 것이 경제의 원리입니다. 그러한 경영 감각을 갖고 마을 만들기가 이루어지면 좋지 않을까 생각합니다.

STANDARD 33

마을의 중심에 '지역 상점의 공유지'를 만든다

마을의 활력을 부각시키는 미치쿠사칸

히가시카와의 중심가에 있는 '길의 역 히가시카와 미치쿠사칸'은 이 마을 상점가의 핵심 시설로, 관광객의 현관이자 마을 사람의 휴식의 장이기도 하다.

길의 역이라고 하면 커다란 간선도로에 면한 역으로서 대체로 그 지역의 시가지에서 떨어진 곳에 위치하고 있는 법이지만, 히가시카와에서는 마을 한가운데에 있다.

전신인 인포메이션 센터 미치쿠사칸은 2000년에 상점가의 핵심 시설로서 건설되었다. 그후 2004년 길의 역으로 국토교통성의 인정을 받아 현재의 길의 역 히가시카와 미치쿠사칸이 된 것이다. 미치쿠사칸은 상점가의 중심에서 인포메이션 센터와 길의 역이라는 두 기능을 겸비하는 시설이 되었다.

길의 역으로 지정된 영향은 막대하여 2004년 미치쿠사칸의 내방객 수는 약 2만 6천 명에서 27만 6천 명으로 비약적으로 증가했다. 그후에도 내방객 수는 꾸준히 증가하여

왼쪽 길의 역 히가시카와 미치쿠사칸. 2014년도는 50만 명가량이 방문했다.
오른쪽 아사히카와의 커뮤니티 라디오 FM리베르는 미치쿠사칸에서 정기적으로 공개 생방송을 한다.

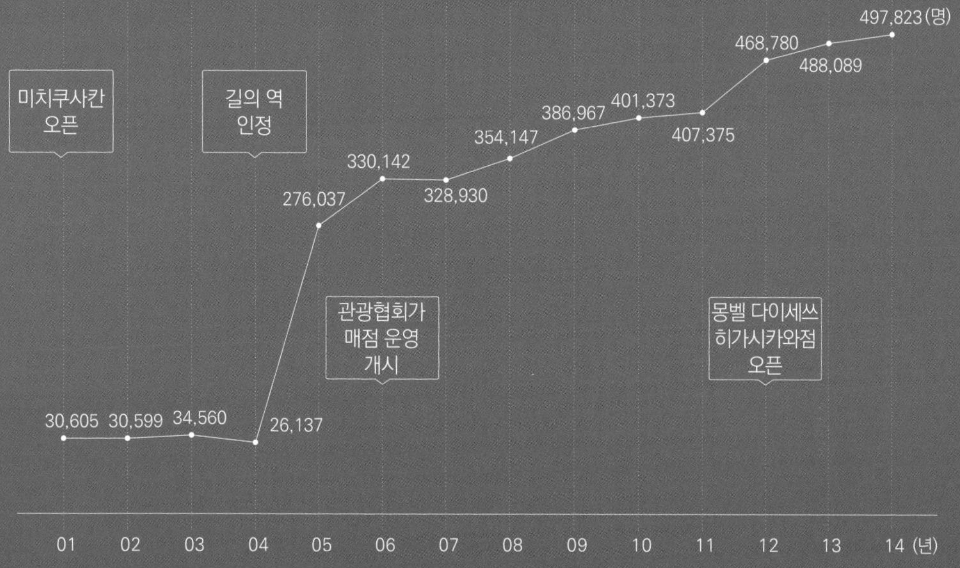

길의 역 히가시카와 미치쿠사칸 내방자 수의 추이(히가시카와초 산업진흥과 조사)

2014년에는 50만 명에 조금 못 미치는 사람이 방문했다.

경제 활성을 촉진하는 마을의 공유지 미치쿠사칸

미치쿠사칸 관내에는 히가시카와에 거주하는 공예가가 만든 잡화와 사진가의 엽서, 이주민이 차린 가게의 디저트와 커피 원두, 농가의 농산물 등 히가시카와에서 탄생한 상품이 한자리에 모여 판매되고 있다. 이른바 히가시카와의 쇼윈도와 히가시카와 각지에 흩어진 활동으로 이끄는 현관과 같은 곳. 미치쿠사칸은 히가시카와에서 상업을 하는 한 사람 한 사람이 자신의 일의 성과를 선보이고 손님과 관계를 맺는 공유지로서의 역할을 톡톡히 해낸다. 진열되어 있는 상품은 저마다 절차탁마의 결과를 말해 준다. 찾아가 보면 그때그때의 마을의 모습을 알 수 있는 장이다.

히가시카와에서는 도보로는 갈 수 없는 곳에 점포가 산재해 있기 때문에 미치쿠사칸은 내방자가 히가시카와 전체를 한눈에 살펴볼 수 있고 마음에 드는 것을 구입할 수 있는 편리한 존재다. 점포의 입장에서도 내방자에게 상점과 상품의 존재, 원칙 등을 이해받는 귀중한 장이 되고 있다. 나아가 미치쿠사칸은 길의 역으로서 24시간 이용할 수 있는 주차장과 화장실, 공중전화를 갖추고 있어 운전자가 자유로이 편하게 휴식을 취할 수 있다. 그렇기 때문에 주차장에는 여행 중인 캠핑카가 세워져 있고 몽벨 다이세쓰 히가시카와점과 인근의 음식점을 찾는 사람도 많다. 미치쿠사칸은 인포메이션 센터와 길의 역이라는 두 기능을 융합함으로써 내방자가 이곳을 기점으로 마을을 돌아다니며 구경하고 즐기는 흐름을 만들어 마을의 경제활동을 촉진하고 있다.

손으로 그린 지도는 마을의 힘을 보여 주는 지도

미치쿠사칸에서는 히가시카와의 상점들을 소개하는 손으로 그린 지도를 나누어 준다. 처음 방문하는 사람은 이 지도로 마을 전체의 모습을 파악한다. 히가시카와 맛집 지도 시가지 버전, 히가시카와 맛집 지도 교외 버전, 히가시카와 가구와 공예품점 지도, 덴닌쿄 지도, 아사히다케 지도, 이렇게 다섯 종류가 있으며 마을에 거주하는 외국인의 국적에 맞추어 5개국어로 대응하고 있다.

히가시카와에서는 상점이 증가하고 영업시간과 제공 내용도 그때그때 달라 거의 매달 내용을 갱신하여 항상 최신의 점포 정보를 게재한다. 손으로 그린 온기가 담긴 일러스트로 상점마다의 개성이 표현되어 있어 한눈에 마을의 활기가 전해진다. 히가시카와 지도는 이미 단순한 관광지도가 아니라 히가시카와에서 상업에 종사하는 마을 사람들의 힘을 보여 주는 지도라고 할 수 있다.

히가시카와 맛집 지도 시가지 버전(2016년 2월 작성)

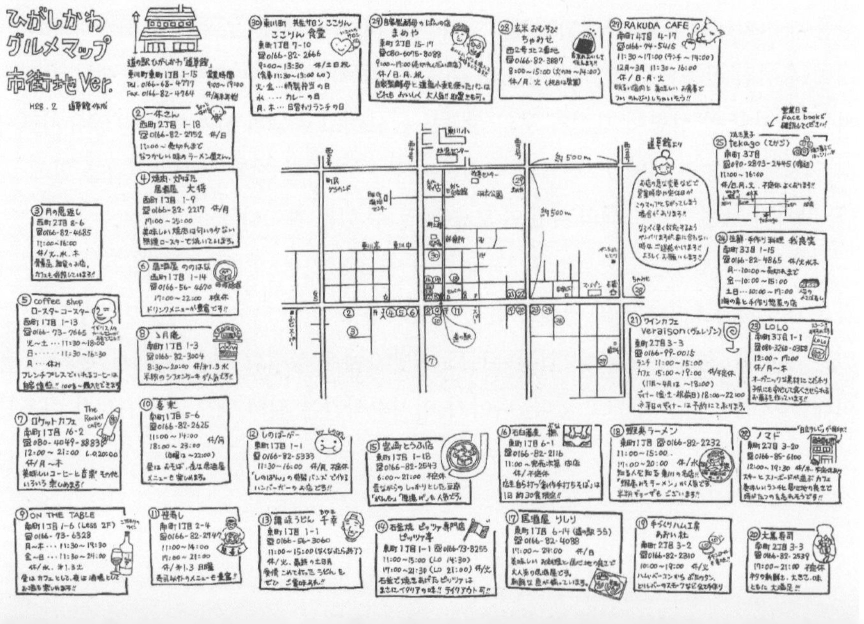

COLUMN

지역 자원을 발굴하는 마을의 지도 만들기

히가시카와 지도를 만들고 있는 이는 미치쿠사칸에 근무한 지 13년째를 맞는 인포메이션 직원인 야마모토 리쓰코 씨. 야마모토 씨가 근무하기 시작한 당시는 미치쿠사칸이 아니라 인포메이션 센터였기 때문에 손님들은 자주 "맛집은 어딘가요?"라고 물어 왔다. 그래서 차라리 지도를 만들자고 생각한 것이 시작이다.

"저는 컴퓨터가 서툴러서 지도의 일러스트도 글씨도 모두 손으로 그리고 썼어요. 일러스트는 어린 시절부터 특기였는데 이런 식으로 도움이 되어 기쁩니다."

마을 내에 지금처럼 상점이 없었을 때는 지도 위에서 상점 하나하나의 공간을 넓게 잡을 수 있었지만, 신규 상점이 증가한 현재는 최소한의 정보를 담기에도 벅차다. 갱신할 때마다 정정할 곳을 잘라 붙이고 있다고 한다. '이 이상 상점이 늘어나면 지면에 모두 싣지 못할 텐데 어쩌나' 하는 것이 남모를 혼자만의 고민이라고 한다.

미치쿠사칸에서 손님을 맞고 있는 야마모토 씨는 2009년경부터 손님층이 달라졌다고 느끼고 있다.

"Less와 Salt, 노마드가 생긴 무렵부터일까……. 그때까지는 보기 힘들던 세련된 멋쟁이 손님들이 많이 찾아와 미치쿠사칸의 직원들도 놀랐죠. 게다가 이웃에 몽벨이 생겨 잡지에 나오는 것 같은 패셔너블한 아웃도어 차림의 젊은 여성도 많아졌고요."

야마모토 씨는 히가시카와에 패스트푸드점과 전국 규모의 체인점이 매장을 내지 않는 것은 바람직한 일이라고 생각한다.

"지금 이대로 취향과 원칙이 있는 사람들이 마을을 만들어 갔으면 하는 바람입니다."

STANDARD 34

공동창조로 기업을 유치한다

지역과 더불어 나아가는 몽벨 다이세쓰 히가시카와

인구 8천 명의 작은 마을의 중심가에 위치한 몽벨 다이세쓰 히가시카와점의 출점은 기업, 행정, 사진가 등의 협력으로 실현되었다. 히가시카와와 몽벨의 인연은 히가시카와에 이주한 사진가 다케타즈 미노루 씨와 몽벨의 회장 다쓰노 이사무 씨 사이에 친교가 있던 것이 발단이 되었다. 그 때문에 초기 몽벨의 카탈로그에는 히가시카와의 풍경이 자주 등장했고, 몽벨 사내에서 히가시카와는 아웃도어의 장으로 알려진 장소였다.

더욱이 히가시카와는 몽벨의 프렌드 에어리어의• 하나였다. 프렌드 에어리어에 등록한 아웃도어 필드는 전국 약 50개이며 각 에어리어는 몽벨클럽의 회원에게 우대를 제공한다. 몽벨은 이 지역을 알리고 현지에서 이벤트를 전개함으로써 지역과 협력하여 경제에 활기를 가져온다. 몽벨의 홍보 담당자는 이렇게 말한다.

"우리는 마케팅이라는 것을 하지 않습니다. 50년 후를 내다보고 미래에 자연 속에서 즐기는 문화가 뿌리내리도록 하고 싶습니다. 그러기 위해서 지금부터 전국의 아웃도어 필드들과 함께 아웃도어 스포츠를 활발하게 만들어 가고 싶습니다."

몽벨 다이세쓰 히가시카와점은 아웃도어 필드에 출점한 새로운 사례다. 몽벨에게 있어 이 사례는 돗토리의 몽벨 다이센점에 이어 두 번째가 된다.

• 몽벨의 프렌드 에어리어
몽벨이 추천하는 아웃도어 활동을 즐길 수 있는 지역. 이 지역 내에는 몽벨클럽 회원이 우대를 받을 수 있는 프렌드 숍이 다수 있어 지역 전체가 아웃도어 활동을 지원한다.

아웃도어 필드의 점포에는 산에 오르기 직전에 부족한 것을 조달할 수 있는 등 현지만의 편리성이 있다. 또한 지역민들이 일상적으로 이용할 수 있다. 몽벨 다이세쓰 히가시카와점의 점장에 따르면 아웃도어를 즐기지 않는 사람도 부모님의 기념일 등에 선물을 사러 온다고 한다. 그리고 행락철에는 가까이에 있는 미치쿠사칸의 주차장에 캠핑카를 세우고 점포를 이용한다. 그 결과 몽벨 다이세쓰 히가시카와점의 매상은 예상외로 신장하여 비즈니스로서도 성공을 거두고 있다. 점포의 직원들은 휴일에는 카약이나 낚시 등 아웃도어 스포츠를 즐긴다. 몽벨 사내에서 다이세쓰 히가시카와점은 일을 하면서 아웃도어 라이프를 충실하게 보낼 수 있는 근무처로서 이동을 희망하는 직원이 많다고 한다.

마을 사람의 아이디어가 계기가 되어 개발된 몽벨의 필드웨어 시리즈.

히가시카와에서 탄생하고 전국으로 퍼진 몽벨의 필드웨어

2014년부터 몽벨은 아사히다케의 자연보호 감시원에게 의류를 제공하고 있다. 또 아웃도어 브랜드 YAMAtune가 히가시카와에 출점하는 등 지역경제 전반과 좋은 영향을 주고받고 있다. 점장은 다이세쓰 히가시카와점은 여느 점포보다 고객과의 대화가 압도적으로 많다고 한다. 상품을 사용한 소감을 알려 주는 고객 역시 적지 않다. 이러한 고객의 생생한 목소리를 들을 수 있는 지역밀착형 스타일이 낳은 제품이 있다. 농사・야외 작업용 필드웨어이다.

몽벨이 농업을 위한 의류를 만들면 패셔너블해져 농업 종사자가 늘지 않을까 하는 생각에 마을 사람이 아이디어를 내고 마을 내 젊은 농업 종사자들이 개발에 참여하여 실현해 낸 것이다. 몽벨로서는 지역과의 협력으로 새로운 분야의 제품을 만드는 것은 첫 도전이었다.

2014년부터 다이세쓰 히가시카와점에는 세련된 필드웨어가 진열되어 있다. 그후에도 점포에 보내져 오는 소감 외에 전국의 여성 사용자들을 중심으로 의견을 청취하여 꾸준히 디자인을 개선하고 있다. 필드웨어는 히가시카와에서 탄생하여 지금은 전국의 농가와 가드너 등이 이용하고 있다.

STANDARD 35

농예가의 고집이 풍요로운 먹거리와 문화를 낳는다

히가시카와 브랜드를 성장시킨 독자적인 기준의 대응

예전에 홋카이도 쌀은 맛이 없다고 해서 골칫거리쌀, 민폐쌀이라는 놀림을 받았다. 하지만 히가시카와의 쌀은 일본농업협동조합 히가시카와가 중심이 되어 독자적인 엄격한 기준으로 개량을 거듭하고 재배 기술의 수준을 끌어올려 히가시카와쌀이라는 브랜드를 확립했다. 거기에는 농가들이 자부심을 가진 '농예가'로서 서로를 북돋우며 앞으로 나아가려 해온 농업 경영의 노력이 있다.

농가의 힘을 향상시키는 히가시카와 스타일

히가시카와에는 풍부한 수원이 있기 때문에 홋카이도 치고는 드물게 쌀농사가 번성하여 2015년 현재 120번째로 작물을 심었다. 논의 총면적은 약 3천 헥타르(3천만m²), 그중 80퍼센트가 파종되고 나머지는 밭으로 전작에• 이용되고 있다. 쌀의 집하율은

엄격한 기준을 통과하여 재배된 히가시카와쌀. 일본농업협동조합은 독자적으로 히가시카와쌀 신뢰의 증표 10개 기준을 두고 철저한 품질관리를 하고 있다.

농협 히가시카와쌀 10개조(2007년~)
① 수도재배협정서 체결 생산 미곡
② 히가시카와초 도작연구회 수도 통일 재배기준 준수 생산미곡
③ 히가시카와쌀 GAP 기재 미곡
④ 농산물검사 등급 명품 미곡
⑤ 수도 종자 갱신 100% 미곡
⑥ 히가시카와쌀 통일 포장재 사용 미곡
⑦ 생산자 책임 스티커(얼굴 사진) 첨부 미곡
⑧ 등급 구분기준 대상 미곡
⑨ 잔류 농약 시험 등 확인 완료 미곡
⑩ 히가시카와초 농업협동조합 출하 미곡

농업에 관한 일본 정부의 정책
1970년 쌀 생산 조정 정책 도입
2007년 미가 폭락
2010년 가구별 소득 보상제도 도입
2016년 환태평양 경제동반자 협정에 서명, 정식 합의
2018년 쌀 생산을 억제하기 위한 생산 조정 정책 폐지 예정

95퍼센트로 전국 상위권이다. 현재 많은 지역에서 문제가 되고 있는 경작 포기 농지가 히가시카와에는 없다. 쌀뿐 아니라 채소와 과일 생산량도 많아 특히 연백 파드득나물의 생산량은 홋카이도 제일이며 그 밖에 대왕토마토, 피망, 연백 파 등 20종 이상의 채소가 재배되고 있다.

일본농업협동조합에서는 2018년에 실시되는 생산 조정 정책의•• 폐지를 위해 특히 히가시카와쌀의 브랜드화를 추진해 왔다. 본격적인 자유경쟁이 시작되었을 때 국가의 보조금에 의존하지 않고 자립하여 생존하기 위해서이다. 그러기 위해 히가시카와의 농가들이 실천해 온 것이 독자적인 룰 만들기이다. 예를 들어 히가시카와쌀 신뢰의 증표 10개 기준을 제정하여 잔류 농약 시험을 실시하고 생산자 책임 스티커를 쌀 포장에 첨부하는 등 철저하게 상품 관리를 하고 있다. 또한 안전 면에서는 씨앗을 농약이 아니라 60도의 물로 소독하는 방법을 홋카이도 내에서 가장 빨리 채용하는 등 앞선 자세로 대처해 왔다.

또한 고품질의 기준값을 독자적으로 마련하여 수확된 쌀은 일본농업협동조합이 심사하여 4단계로 순위를 매기고 있다. 순위

• 전작 轉作
기존에 재배해 오던 작물의 종류를 다른 것으로 바꾸는 것.

•• 생산 조정 정책
쌀 생산을 억제하기 위한 정책.

에 따라 매수가에 차등을 두어 좋은 결과를 내는 농가일수록 높은 수입을 얻는 시스템이다. 이 같은 다양한 대응으로 히가시카와쌀은 소비자의 신뢰를 얻게 되어 2012년 5월에는 '특허청 지역단체 상표 히가시카와쌀'로 상표 등록을 마쳤다. 결과적으로 히가시카와쌀은 현재 다른 지역보다 고가로 매매되어 부가가치가 높은 상품이 되었다. 히가시카와 일본농업협동조합은 최고의 쌀로 만들기 위해 전국에서 강사를 초빙하여 연구회를 열거나 농가의 연수를 지원하는 등 철저하게 배우고 도전하는 자세로 일관하고 있다. 조합장은 전국 농업 네트워크 모임에 적극적으로 참가하여 항상 최신 정보와 기술을 추구한다. 히가시카와 농가는 스스로 기대치를 높여 벼농사를 깊이 연구하는 데에 하나가 되어 실천하고 있다.

농업은 정부의 정책에 좌우되기 쉽다. 실제로 차라리 가축 사육미와 가공미를 생산하는 편이 보조금을 받을 수 있어 나을 수도 있다고 한다. 그러나 히가시카와의 농가는 주식인 쌀로 승부해 갈 것을 택하고 있다. 그것은 생산 조정 정책의 폐지를 주시한 선택이지만, 농업의 위기가 아니라 자립 농업을 하기 위한 호기로 받아들이기 때문이다.

마을 전체가 농업을 뒷받침한다

농가들의 이러한 대응을 마을의 다른 이해관계자들은 적극적으로 지원하고 있다. 예를 들어 거래처 획득을 위한 영업에는 일본농업협동조합 조합장과 함께 마을의 정장이 직접 나선다. 또한 10여 년 전부터 생활협동조합 코프 삿포로와 연계하여 해마다 벼베기 체험을 실시하고 있다. 이 같은 교류는 벼농사에 대한 이해를 깊게 하고 판매 촉진으로도 이어진다. 햅쌀 수확기에는 히가시카와초 주민센터와 농업협동조합이 히가시카와쌀의 햅쌀 캠페인을 벌인다. '내 손으로 농사지은 쌀을 내 손으로 파는 것은 당연하다'라는 것이 공통된 생각이다.

농업과 직접적인 관계가 없는 분야에서도 히가시카와쌀은 마을의 '얼굴'로서 소중한 대접을 받는다. 구체적으로는 히가시카와에 이주한 사람들은 '웰코메'라는• 이름의 히가시카와쌀 5킬로그램을 선물받는다. 교육의 장인 초등학교의 교육과정에는 농업 체험이 들어 있고, 학교 급식은 히가시카와쌀을 사용하고 채소 또한 가능한 한 히가시카와에서 생산된 것을 사용하도록 정해져 있다. 국제교류의 장에서는 외국인이 히가시카와쌀을 먹는 이벤트 등이 열린다.

왼쪽 가을에는 줄기가 휠 정도로 이삭이 달린 벼가 고개를 숙인다. **오른쪽** 논의 합계 면적은 약 3천 헥타르. 그중 약 80%에서 작물이 자라고 있다.

히가시카와에서는 농가가 자부심을 갖고 농업에 임하여 예전에는 약점이라고 여겨지던 쌀을 강점으로 바꾸었다. 각 농가의 '나의 일'을 넘어 히가시카와 브랜드에 부끄럽지 않은 쌀 만들기를 '모두의 일'로 삼아 분발한다. 그것이 농업의 생산성을 높이고 다양한 주체의 협력과 공감을 얻는 '사회의 일'이 되며, 나아가 '나의 일', '모두의 일'로 도전해 간다. 경제적으로 성과를 낼 뿐 아니라 히가시카와쌀의 성공이 롤모델이 되어 지역 전체에 좋은 영향을 미친다. 먹거리의 풍요로움은 물론 문화의 풍요로움까지 마을에 가져오고 있는 것이다.

현재 히가시카와초 농가의 총가구 수는 약 320가구, 농업종사자 수는 약 700명이다. 최근에는 농업 후계자가 돌아오는 경향이 있어 일본농업협동조합 청년부의 젊은이가 51명까지 증가했다. 요 몇 년간은 U턴하여 농업을 잇겠다는 젊은이가 해마다 4~5명이 있다고 한다.

이제 마을의 논은 15년이 소요되는 커다란 기반 정비를 앞두고 있다. 1974년 1구획 30아르(3천m^2)의 크기로 정리된 후 현재까지 계속되어 왔다. 장래에는 8구획 240아르를 하나의 전답으로 만들어 농지를 집약함으로써 인구 감소 시대에 대응하여 적은 수의 사람으로 기계를 사용해 생산량이 증가하도록 작업 효율화를 꾀하려는 것이다.

• 웰코메
웰컴과 '쌀'을 의미하는 코메를 합한 말.

INTERVIEW

1년 1작, 거기에는 돈과 바꿀 수 없는 보람이 있습니다

다루이 이사오(히가시카와초 농업협동조합 대표이사 조합장)

히가시카와의 전원 풍경은 농부 한 사람 한 사람이 논밭에 노력과 시간을 들이고 있기 때문에 태어나고 있다. 1,500명이 넘는 조합원을 이끌고 있는 일본농업협동조합 히가시카와의 대표 다루이 이사오 씨에게 히가시카와의 농업에 대해 물어보았다.

히가시카와쌀의 맛의 비결은 무엇인가요?

논과 밭에는 다이세쓰산에서 흘러 내려온 물을 대고 있습니다. 깨끗한 물로 농사짓고 있기 때문에 당연히 맛있는 쌀이 나옵니다. 혜택받은 환경이 베푸는 은혜는 큰 셈이죠.

품질 향상은 어떻게 하고 있나요?

개인적으로는 쌀, 채소, 육묘 전문가가 있다고 하면 어디든 만나러 갑니다. 젊었을 때는 해마다 자비로 혼자 여행을 하며 전국의 농가에 만나러 다녔습니다. 농협에서는 '스스로 찾아가며 생각할 것'을 권장합니다. 반대로 외부에서 사람을 불러 배울 기회를 마련하는 경우도 있고요.

그리고 육묘에는 상당히 신경을 쓰고 있죠. 특히 청년부원에게는 귀찮아할 정도로 가르치고 있습니다. 또 당도계 등으로 생육 진단을 하고 농가 지원 지도를 하고 있습니다.

저 자신도 매일 연구하고 있고요. 예를 들어 벼꽃이 필 때 꽃의 당도를 올리기 위해 영양제를 엽면산포를 합니다. 뿌리를 활성화하여 꽃의 당도를 높이면 맛이 좋은 벼가 달립니다. 이러한 시험에 기초한 벼농사 기술을 보급하고 싶습니다. 기술을 숨겨서는 아무 소용이 없어요. 모두 좋은 상품을 만들지 않으면 팔리지 않으니까요.

비용 면에서의 융통은?

결과를 얻는 데 정말 필요한 자재는 비용이 들어도 사용하죠. 무엇이 효과가 있고 무엇이 효과가 없는지는 시도해 보지 않으면 알 수 없습니다. 그렇기 때문에 저 자신이 먼저 시험해 보고 농협의 직원에게 데이터를 내보게 하는 경우가 많습니다.

경제 면에서는 행정이 뒷받침해 주고 있는 부분이 큽니다. 마을의 수장인 정장이 우리와 함께 쌀을 세일즈하죠. 설득력이 다릅니다. 히가시카와의 경우, 쌀을 판매함과 동시에 마을 전체를 판매하는 겁니다. 물건을 만드는 과정, 어디에서 누가 만들고 있는지가 브랜드 힘이 되고 있습니다.

Agriculture
농업
||
Art
예술

농가의 여러분이 국제교류도 하고 계시다고 들었습니다.

국제교류사업 관계자가 타이베이에서 왔을 때 히가시카와쌀을 마음에 들어해 '대만 최고의 쌀과 승부를 겨루어 보자'라는 이야기가 된 겁니다. 그래서 명란과 연어알 등 주먹밥의 속재료를 일등품으로 준비해서 대만에 건너가 히가시카와쌀로 주먹밥을 만들었습니다. 그 교류회에는 히가시카와에서 어학 연수를 한 사람들 외에도 다양한 국적의 사람들이 찾아와 주어 훌륭한 홍보가 되었습니다.

사진의 마을 사업이 히가시카와 농업에 영향을 주는 경우도 있었습니까?

농번기에는 할 일이 많아지기 때문에 처음에는 귀찮다고 느꼈지만 사진고시엔이 시작되고부터 좋은 일이라고 생각하게 되었죠. 전국에서 온 젊은이가 마을 사람들과 만나고, 고등학생들이 거리낌 없이 논밭에서 사진을 찍죠. 더욱이 사진가와 예술가들도 찾아옵니다. 피사체가 되는 것이 농부들의 자부심으로 이어집니다.

히가시카와의 농가는 어떤 분들인가요?

히가시카와의 농가는 벼농사 전문가들입니다. 공예가와 마찬가지로 농예가라는 발상이 있죠. 농업을 깊이 연구하는 농예가가 히가시카와에는 많이 있습니다. 1년 1작, 씨앗을 뿌리고 묘목을 관리하고 자연 속에서 작물과 진지하게 마주합니다. 여기에는 돈과 바꿀 수 없는 보람이 있습니다.

앞으로의 전망을 부탁드립니다.

좋은 물건을 만들려면 마음에 여유와 각오가 없으면 안 됩니다. 미래에는 특히 그러한 것이 중시되겠죠. 히사기카와의 대자연에 둘러싸인 생활 속에서 만드는 쌀이 맛없을 리가 없죠. 환태평양 경제동반자협정을 우려하는 목소리가 있지만, 현장에서 제대로 좋은 물건을 만들고 있으면 걱정할 필요가 없습니다. 앞으로도 마을과 더불어 히가시카와쌀을 알려 가고 싶습니다.

STANDARD 36

공예의 프로 감성이 진짜를 추구하는 풍토를 기른다

아사히카와 가구 브랜드의 버팀목이 되어 주는 히가시카와의 기술

기토우시 삼림공원보다 더 깊은 곳에는 히가시카와에 거주하는 공예가들이 주택 겸 갤러리를 갖춘 크래프트거리가 있다. 공방마다 카페를 두거나 목공 체험을 제공하기도 하며 최근에는 관광 명소가 되고 있다. 목공예 문화를 뒷받침하는 프로의 존재가 히가시카와의 진짜를 추구하는 풍토를 지탱해 왔다.

왜 히가시카와에는 공예가들이 많이 살았을까. 그 배경에는 아사히카와 가구의 역사가 있고 그 뿌리는 메이지 시대 말기까지 거슬러 올라간다. 1896년 아사히카와시에 육군 제7사단의 본부가 설립되어 철도가 개통되었고 많은 사람이 아사히카와시에 거주하게 되었다. 목수 · 가구 기술자도 아사히카와로 건너와 당시로는 드문 서양식 가구가 제작되었고, 아사히카와 인근에 있는 히가시카와에서도 가구 산업이 번성해 공예 기술이 발전했다. 목재와 베니어 등 가구 제작에 필요한 재료를 쉽게 구할 수 있는 환경이 이 무렵에 갖추어졌다. 히가시카와에 공예가, 장인이 많은 것은 그 때문이다.

왼쪽 바우공방의 아틀리에. 다양한 목공예품이 태어난다.
오른쪽 스즈키공방이 제작하는 에조다람쥐를 모티프로 한 문진.

예전에는 히가시카와에도 대량생산형 가구 제조사가 있었으나, 시대의 흐름과 함께 수입 가구에 밀려 사라졌다. 그렇지만 아사히카와시와 근교에서 만들어지는 가구는 지금도 여전히 아하시카와 가구로 불리며 일본 3대 가구의 하나로 알려져 있다. 현재 아사히카와 가구의 약 30퍼센트가 히가시카와에서 생산되고 있다.

공예 장인들의 기술은 홋카이도 안팎에서 평판이 높고 거래처는 홋카이도 외에도 많다. 아사히카와의 가구점에 내보내는 가구와 기업에서 주문하는 고객 선물용 공예품 등을 제작하고 있다. 그리고 자신의 작품을 제작하여 세계적인 상을 수상하는 작가도 있다. 최근에는 아시아의 젊은이를 고용하거나 해외의 연수생을 받는 등 국제적인 색채가 풍요로워져 가고 있다고 한다.

공예의 유대를 빚어내는 크래프트거리

기토우시 지구를 중심으로 공방이 증가하기 시작한 것은 30여 년 전의 일이다. 1985년 기타노스마이 설계회사가 폐교가 된 히가시카와 제5초등학교에 공방을 마련했고 이어서 도예 작품을 만드는 리조무공방, 공예 잡화 전문인 스즈키공방 등이 농가의 빈집에 이주해 왔다. 사계절을 느낄 수 있어 창작에 최적인 자연환경, 그리고 주거가 되는 본채 외에 공방으로 차릴 수 있는 창고가 있고 작업하기 알맞은 넓은 땅까지 갖춘 농가는 공예 장인들에게 좋은 조건이었다. 또한 기토우시 지구는 지질 문제로 농지 개발을 단념한 지역이었기 때문에 비교적 쉽게 땅을 구할 수 있다는 점도 이주에 한몫 거들었다.

30년 전라고 하면 사진의 마을 사업이 시작된 시기이자 상공회의 멤버가 목각 간판의 제작에 애쓰고 있을 때이다. 스즈키공방의 스즈키 씨는 이주하자마자 상공회에 들어가 목각 간판 사업에 뛰어든 당시를 이렇게 돌이켜보았다. "당시 히가시카와의 이주민들은 여러 일로 마을 재건에 애썼습니다. 이 지역에서 목공예 작가들끼리 크리스마스 행사나 소규모 음악회를 열었죠."

크래프트거리는 그런 시도의 연장선상에 있다. 이 이름이 붙은 것은 10년 정도 전의 일로, 자신들의 존재를 바깥세상에 알리기 위해 지역 내에 거주하는 공예 장인 모두가 논의하여 정했다. 또한 미치쿠사칸에서 크래프트거리를 소개하는 지도가 만들어지는 등 공예 문화의 존재를 알릴 수 있게 되었고, 히가시카와다움의 하나로 더욱 전파해 갔다.

STANDARD 37

지역의 경제 순환과 자부심을 높이는 아이디어를 더한다

히가시카와에서만 얻을 수 있는 가치를 제공

지방 쇠퇴의 원인 가운데 하나는 지역 내에서 순환하고 있던 돈이 밖으로 흘러가는 것이다. 지역 내에서 경제가 순환하는 구조 만들기는 하나의 과제이다.

예를 들어 히가시카와에서는 주민센터가 새로운 시설을 세울 때 마을 내 공예가와 장인들을 대상으로 설비와 장식품 등의 제작자를 공모하거나 발주한다. 히가시카와 초등학교의 책상과 의자, 복도에 장식된 오브제, 국제교류회관의 기념 건조물이나 표지판 등 마을 곳곳에서 그들의 작품을 볼 수 있다. 이것은 지역 내에 돈이 흐르는 구조임과 동시에 공예 장인에게는 보통의 작업과는 다른 의미를 지닌다. 상징적인 것은 국제 사진 페스티벌의 트로피인데, 마을의 장인이 제작한 의자가 수여되고 그것이 장인의 자부심으로 이어진다. 지역의 음식점 역시 지역에서 생산된 소재를 활용하는 지산지소를 추구하며, 소재 자체의 매력을 널리 알린다. 그것으로부터 연쇄적 공감이 일어난다.

히가시카와에서만 얻을 수 있는 가치를 제공함과 동시에 자신들의 활동에 지역에서 고집스레 생산해 온 것을 의식적으로 더함으로써 지역 내에서의 경제와 자부심이 지속적으로 고양되어 가고 있다.

COLUMN

태어난 아이와 더불어 시간을 보내는 '너의 의자'

2006년에 시작된 '너의 의자' 사업에서도 의자 제작은 마을의 공방이 담당하고 있다. 주민센터의 사업이 지역 내에서의 경제 활성화에 공헌하는 것이다.

마을의 중심 도로변에 갤러리와 공방을 두고 다이몬 다케시 씨와 다이몬 가즈마 씨 2대가 가구를 제작하고 있는 바우공방은 지금까지 세 번 '너의 의자'의 제작을 맡았다. 첫 번째는 제1회 '너의 의자'로, 공방을 방문한 디자이너가 지명했다. "어려운 디자인이었기 때문에 만드는 데에 필사적이었죠. 그때는 '너의 의자'가 이렇게 유명해지리라고는 생각지도 못했습니다"라고 다케시 씨는 말한다.

2009년 재차 의뢰가 들어왔을 때는 부자가 제작에 임했다. 이해에 마침 아들 가즈마 씨의 자녀가 태어났다. 다시 말해 가즈마 씨의 자녀는 할아버지와 아버지가 만든 '너의 의자'를 받은 셈이다.

'너의 의자'는 정장이 한 집 한 집 다니며 직접 건넨다. 이해에는 다이몬 가즈마 씨도 동행할 기회가 있어 자신이 만든 의자를 직접 건넸다. 의자를 받아 들고 기뻐하는 가족과 찍은 기념사진은 지금도 갤러리에 소중하게 장식되어 있다.

그리고 2015년에는 이 사업을 시행하는 자치단체가 확대되어 첫 번보다 네 배 가까운 수의 '너의 의자'가 바우공방에 발주되었다. 아들 다이몬 가즈마 씨가 담당했다. 갤러리 안쪽 공방에서는 다리 하나하나 수작업으로 만들어 간다. 그렇게 완성한 의자는 긴 시간 사용할수록 갈색을 띠어 가며 멋스러워진다. 태어난 아이와 시간을 함께하기 위해 '너의 의자' 또한 히가시카와의 장인의 손에서 해마다 태어나고 있는 것이다.

STANDARD 38

자연을 사랑하는 사람들의 활동이 커뮤니티와 지역을 풍요롭게 한다

자생하기 시작한 아웃도어파 커뮤니티

히가시카와에는 진짜 아웃도어 라이프를 중심으로 한 생활을 즐길 수 있는 토양이 있다. 풍요로운 자연환경은 물론 그 자연환경과 관계하고 있는 사람들의 네트워크(커뮤니티)가 최근에는 커다란 매력이 되고 있다.

일반적으로는 아웃도어를 중심으로 한 생활을 추구해도 자연이 가까이에 있는 곳에서 생계를 꾸려 가기란 그리 쉬운 일이 아니다. 하지만 히가시카와는 자연이 가까이에 있으면서 아시히가와에서 직업을 갖거나 자신의 원칙과 취향에 맞는 점포를 꾸리는 등 생업이 성립되는 지역이다. 게다가 자연을 사랑하는 가치관을 가진 사람들이 모여 각종 행사와 서비스가 생겨나고 다양한 활동으로 이어지며, 몽벨과 YAMAtune 같은 아웃도어 관련 기업이 진출하고 있다. 히가시카와에서는 자연을 사랑하는 사람들의 다양한 활동이 있어 더욱 풍요로운 아웃도어 라이프가 가능해지고 있다.

사람을 매혹하는 아웃도어 라이프

다이세쓰잔 지역은 등산 애호가, 아웃도어 애호가에게 오래전부터 친숙하다. 혼슈

에서라면 3천 미터급 산을 올라야 겨우 볼 수 있는 고산식물이 아사히다케에서는 로프웨이를 타고 불과 10분이면 볼 수 있다. 나아가 마을의 중심지에서 그다지 떨어지지 않은 기토우시 삼림공원에서는 다이세쓰잔과는 또 다른 분위기의 자연과 만날 수 있다. 마을 사람들은 이 삼림공원에서 어린 시절부터 스키, 산책을 즐기므로 산에 애착을 가진 사람이 많다.

히가시카와의 혜택받은 자연환경에 매료된 이주민들은 예전부터 있었다. 예를 들어 사진가들이다. 그들은 다이세쓰잔에 사는 우는토끼, 하늘다람쥐 등 야생동물의 모습을 비롯해 산과 자연의 풍광을 카메라에 담아 왔다. 관광객에게 산을 안내하는 산악 가이드를 생업으로 삼는 사람도 많다. 대부분이 개인으로 활동하고 있지만, 인명에 관계하는 전문성이 높은 직업이므로 구조 연수나 강습회 등을 통한 횡적인 연계가 강하다.

에코 투어리즘을• 통해 지역 주민들과 교류를 촉진하는 'NPO 법인 다이세쓰잔 자연학교(전 네오스)'도 다양한 역할을 담당해 왔다. 이를테면 아사히다케 덴닌쿄 지구의 환경보전 대책사업을 위탁받아 매너 계발과•• 등산로 정비 외 기토우시에서의 어

• 에코 투어리즘
생태계를 뜻하는 ecology와 관광을 뜻하는 tourism의 합성어로 생태관광, 환경관광이라도 부르며 친환경적 관광문화를 이른다.

•• 매너 계발
홋카이도 전체의 산악 지역을 대상으로 화장실 이용을 위한 매너 가이드, 화장실 위치를 표시한 지도 등을 배포하고 쓰레기 줍기를 하는 청소 등산 등을 한다.

등산과 아웃도어 애호가들은 오랫동안 풍요로운 다이세쓰잔의 자연환경을 즐겨 왔다.
풍요로운 생태계에는 다양한 동식물이 서식한다.

린이 자연체험학교 등 지역에 밀착한 활동을 펼치고 있다.

관리 업무를 10년 가까이 담당해 온 야마구치 지에 씨는 이렇게 말한다. "네오스(현재의 다이세쓰잔 자연학교)에서는 여름철에 단기로 아사히다케와 덴닌쿄에서 활동할 스태프를 모집했는데, 매년 7~8명의 젊은이가 일하러 왔습니다. 그 사람들이 히가시카와에 잔류하는 일이 여러 해 계속되었죠. 결혼을 하거나 자녀를 낳고 지금도 아사히카와에서 아웃도어를 즐기면서 살고 있습니다."

이주해 온 젊은이들이 주체가 되어 아웃도어의 붐을 일으키려는 움직임이 일었다. 예를 들어 2013년 캐나다에서 시작된 아웃도어 필름의 국제적인 제전 밴프산악영화제를 히가시카와에서 개최했다. 주최자는 산악가이드 아오키 미치코 씨이다. 다음 해에는 아웃도어 브랜드 몇 곳을 초빙하여 '히가시카와 아웃도어 페스티벌'로 발전시켰다. 2015년 제4회에는 300명 남짓한 참가자가 모였다.

세계가 주목하는 다이세쓰잔 지역

스노보드 선수 나카가와 신야 씨는 동계 스포츠의 장으로서 세계가 아사히카와와 다이세쓰잔 지역을 주목하고 있다고 이야기한다.

"다이세쓰잔에는 지형 관계로 수분이 적은 건조한 눈이 내립니다. 이건 세계적으로도 정상급 수준의 눈입니다. 더욱이 바로 가까이에 인프라가 갖추어져 있는 마을이 있기 때문에 여행하기에 편하고요. 현재 미국과 캐나다 등에는 눈이 그다지 쌓이지 않게 되어 일본에 해외의 스키어, 스노보더가 흘러들고 있죠. 히가시카와의 잠재력을 생각하면 앞으로 수년 간 구미권 관광객은 반드시 증가할 겁니다."

물론 일본 내국인에게도 히가시카와는 조건이 좋다. 아사히카와 공항이 가까이에 있기 때문에 도쿄 하네다 공항에서 아침 6시 45분 출발 편을 타면 10시부터는 스키나 보드를 시작할 수 있다. 저녁 8시 25분 아사히카와 공항을 출발하는 마지막 편을 이용하면 당일치기도 가능한 훌륭한 접근성이 매력적이다.

자연을 사랑하는 사람들의 활동은 여러 부차적인 효과를 가져온다. 먼저 수준 높은 감성적 취향이 있다. 그들이 지역에서 생활함으로써 감각이 뛰어난 취향을 가진 상점과 비즈니스를 펼치기 쉬운 풍토가 형성된다. 또한 상호 활동 등으로 공감하고 연계를 갖고 있으므로 다양한 협동 활동을 창출할 계기도 쉽게 만들어진다.

2015년 여름 히가시카와 진흥공사가 주체가 되어 치른 스키장 정비에 나카가와 씨를 비롯한 자연을 사랑하는 사람들이 자원봉사를 호소하며 활약했다. 자연을 사랑하는 사람들의 커뮤니티에 의한 자발적인 움직임은 지역 주민과 행정, 관련 기관과 제휴하면서 지역을 활성화하는 활동으로 이어지고 있다.

위 밴프산악영화제의 영화 상영회. 아웃도어 애호가들로 행사장은 만원을 이루었다.
아래 아사히카와 아웃도어 페스티벌에는 다양한 아웃도어 브랜드가 출점하고 워크숍 등이 개최된다.

INTERVIEW

우리 속에는 '히가시카와 사람'이라는 의식이 있어서 외부에서 오는 사람들을 대접하는 겁니다

아오키 미치코(산악 가이드)

히가시카와로의 U턴 · J턴* · I턴한 이주자들을 중심으로 활기를 띠는 아웃도어 문화. 그 상징인 '히가시카와 아웃도어 페스티벌'. 행사를 계획하고 동료들과 함께 운영해 온 산악 가이드 아오키 미치코 씨에게 그 과정을 배웠다.

…

히가시카와에 이주한 이유는 무엇인가요?

저는 삿포로 출신으로 20대 초에 캐나다에 유학했습니다. 일본에 돌아오고 나서 아사히다케에서 일하는 친구를 찾아왔다 히가시카와를 방문했는데, 참 좋다고 생각했죠. 당시에는 지금만큼 가게가 많지 않았는데 도시 생활이 고역인 제게는 안성맞춤이었습니다. 조사해 보니 히가시카와는 캐나다의 캔모어와 자매도시더군요. 히가시카와에 살면 산이 바로 가까이에 있고 캐나다와도 관계를 계속 가질 수 있을지 모른다고 생각하고 이주했죠.

5년 정도 살고 아프리카에서 2년간 청년해외협력대로 활동하고 돌아온 게 2010년이었습니다. 오랜만에 아사히다케에 오른 저는 역시 이곳이 좋다고 재확인했습니다.

…

다시 히가시카와에 살기 시작하고 일은 어떻게 했나요?

한동안 산악 가이드 일을 하는 지인의 어시스턴트를 하며 지내다 2014년부터 독립했습니다. 1년 내내 아사히다케의 멋을 소개하고 싶어 여름뿐 아니라 겨울에는 백컨트리 등의 가이드를 하고 있습니다.

…

밴프산악영화제, 히가시카와 아웃도어 페스티벌을 개최한 경위를 말씀해 주세요.

20대 초에 유학한 캐나다의 대학에 밴프산악영화제의 포스터가 붙어 있었는데, 학업이 바빠 가보진 못했죠. 5년 전 히가시카와에 두 번째로 이사하고 나서 여기에서 밴프산악영화제의 영상을 볼 수 있으면 좋겠다는 생각이 들어 주민센터에 상담해 보았어요. 그랬더니 해당 사업을 찾아 예산을 짜주어서 산의 관계자 40명 정도가 모여 자주 상영회를 열었습니다.

평가가 좋아 다음에 또 하면 자원봉사로 도와주겠다는 사람도 있었죠. 그래서 히가시카와 아웃도어 페스티벌로 만들어 주민센터에 의존하지 않고 해보기로 했습니다. 홍보지를 배포하고 홋카이도 신문에 제안을 하기도 해서 당일에는 300명 정도가 모였습니다. 백컨트리 스키를 하는 사람과 산을 산책하는 사람까지 폭

Higashikawa-jin
히가시카와 사람

넓은 층의 사람들이 찾아와 준 데다 상영하는 영화도 다양해서 모두 즐길 수 있었죠.
이후 매년 개최해 가는 중에 운영 멤버의 제안으로 사진가의 슬라이드 섹션을 도입하는 등 행사 자체가 충실해지고 있습니다. 같이 술을 마시면서 행사 이야기를 하면 여러 아이디어가 나오고 설레죠. 뭔가 해보고 싶다는 누군가의 생각이 형태를 갖추는 기회이기도 합니다.

…

행사에서 히가시카와의 아웃도어 문화를 꽃피우고 있다는 의식이 있나요?

우리 속에 '히가시카와 사람'이라는 의식이 있어 협력해 주는 아웃도어 업계의 사람들을 내 집처럼 편안하게 대접하는 겁니다. 일을 끝내고 뒤풀이 자리에서 비즈니스에 관해 대화를 나누다 그 자리에서 상담이 성사되기도 하죠.
경제 효과를 숫자로 내고 있지는 않지만 행사가 개최되는 11월은 비수기이기 때문에 마을에 사람들이 와 준다면 마을의 상점들에게도 반가운 일이죠. 밴프산악영화제는 로키산맥 기슭의 밴프라는 지역에 사는 산악 가이드들이 여름과 겨울 사이의 오프 시즌에 시작한 겁니다. 우리도 스키 시즌이 시작될 때를 위해 분위기를 띄울 수 있는 시기에 개최하고 있고요.

…

밴프산악영화제의 본고장에 시찰을 다녀왔다고 들었습니다.

실은 회를 거듭할수록 운영의 어려움을 느끼고 있던 데다가 스태프가 하나가 되기 위해서는 같은 이미지를 공유하는 것이 중요하다고 생각해 주민센터에 상의했습니다. 그러자 국제관광 지원사업으로 본고장의 산악영화제에 히가시카와초로서 출전할 수 있게 된 거죠.
12년 전 처음 히가시카와를 알았을 때 이곳에 살면 캐나다와 관계를 지속할 수 있을지도 모르겠다고 상상한 그대로 되었습니다. 주민센터의 배려에 히가시카와를 다시 보고 있습니다.

• J턴
지방 출신자가 진학이나 취업을 위해 도시로 이주했다가 고향에 가까운 지방도시로 이주하는 것을 이른다.

STANDARD 39

학교에서의 협동이 풍요로운 사회를 성장시킨다

지역의 사람과 사람을 잇는 초등학교

전통적으로 커뮤니티를 유지 · 활성화하는 기능을 축제가 짊어져 온 지역이 많다. 히가시카와에서는 초등학교가 여는 행사가 비슷한 역할을 담당해 왔다. 주민들이 정열을 쏟아 운동회와 학예회를 치르며 커뮤니티의 내발적인 활기를 촉진한다. 건강한 학교가 지역의 활력으로 직결된다. 저출산으로 초등학교 존속의 위기가 찾아오는 가운데 지역에서 학교를 지키자는 의식이 높아졌다. 건강한 학교가 지역의 활력으로 직결되는 것이다.

초등학교 학군은 지역 커뮤니티 기초단위의 하나이다. 히가시카와에는 히가시카와 제1 · 제2 · 제3초등학교, 히가시카와 초등학교, 이렇게 정립 초등학교가 4개교 있고 모두 1900년경에 개교했다. 규모가 가장 큰 학교가 2014년 이전한 히가시카와 초등학교로, 2015년 12월 현재 전교생이 347명이다. 그 외 3개교가 합해서 약 100명이다.

히가시카와 초등학교를 이전 · 건설할 때 건설검토위원회, 통폐합검토위원회가 동시에 세워져 마을 내에 있는 모든 학교를 집약할 것을 검토했지만, 지역 커뮤니티를 유지하기 위해 각지의 학교를 남겨 두기로 했다. 현재는 지역에서 제안하지 않는 한 존속시킬 방침이다.

자신의 자녀가 재학하지 않아도 학교 행사에 참여한다

히가시카와의 학교 행사는 교원과 학생만이 아니라 PTA와• 소방단 등이 힘을 모아 만들어 낸다. 그러기 위해 지역의 담당자와 PTA가 연계하는 경향이 있다. 또 히가시카와에는 지역 대항 운동회도 매년 개최된다. 어른이나 아이 할 것 없이 지역의 자존심을 걸고 경주를 즐기면서 시간을 보낸다. 운동회 전에는 지역 사람들이 어울려서 연습을 하며 지역 내 결속이 강화된다.

특히 지역의 결속력이 강하고 행사에 열심인 곳이 제3초등학교가 있는 제3지구이다. 자신의 가족이 다니고 있든 다니지 않든에 관계없이 지역 주민들이 초등학교의 졸업식에 참여하여 아이들을 졸업시킨다. 졸업생은 졸업 후에도 애착이 있는 초등학교를 찾아온다. 이를 위해 학예회에는 졸업생들이 연극과 콩트 등을 하는 코너까지 있다.

또 이 지구에서는 소년단 활동 기금을 모으기 위해 손님에게 생맥주를 대접하는 맥주 파티를 열어 목표를 달성했다. 그후에도 지역민이 즐기도록 계속하여 해마다 맥주와 식사, 레퍼토리를 준비하여 판매한다. 200명 정도가 모여 마시고 노래하며 흥겹게 즐긴다. 이주민이 지역에 녹아드는 교류의 장도 되고 있다.

이러한 환경에서 성장하는 히가시카와의 어린이는 커뮤니티의 중요성을 피부로 이해한다. 이것이 히가시카와의 원래 목표 중 하나라고 말할 수 있다. 지역 커뮤니티의 결속이 있으면 그 유대감 속에서 상부상조가 생기고, 신뢰 관계에 토대를 둔 생활이 가능하다. 나아가 이러한 지역에 대한 마음은 한창 일할 세대가 U턴을 하여 자신이 살고 있는 지역에서 직업을 갖는 동기가 된다.

지역 커뮤니티는 한번 상실되면 회복하기 어렵다. 히가시카와에서는 주민이 한 덩어리가 되어 커뮤니티를 유지하는 노력을 멈추지 않는다.

제3초등학교의 운동회 모습. 학교 관계자뿐 아니라 졸업생과 지역 주민도 참여하여 축제로 떠들썩하다. 지역의 교류의 장이 되고 있다.

• PTA parent-teacher association
보호자와 교사에 의한 사회교육 관계 단체.

INTERVIEW

전교생 11명, 한계 상태에서 학교를 지켜야 한다는 마음이 싹텄습니다

야자와 마코토(제3초등학교 PTA 회장, 마루미 대표이사)

히가시카와 중에서도 특히 결속력이 강한 제3지구 커뮤니티의 담당자 중 한 사람인 야자와 마코토 씨는 대규모 농장 마루미의 대표이기도 하다. 지역과 어떻게 관계를 맺고 있는지, 그 생각을 들어 보았다.

제3지구 제3초등학교 출신이십니까?

예전에는 주베쓰댐 건설로 수몰된 지역에 살다 그곳을 떠나 1989년 제3지구로 이사 왔습니다. 동생은 제3초등학교에 다녔지만 제가 다닌 초등학교는 지금은 없어졌습니다. 고등학교 진학으로 마을을 떠났다가 스물네 살에 가업인 농장을 이어받기 위해 돌아왔죠.

지역과의 관계는 어땠습니까?

우리 집은 원래 산 위 사람이 살지 않는 곳에서 채소를 중심으로 농사를 짓고 있었습니다. 후발로 벼농사를 시작했을 때 논에 물을 나누고 협력하며 농사를 짓는 것이라고 배웠죠. 서로 쾌적하게 지낼 수 있도록 매너를 지키는 거죠. 콤바인의 이동으로 도로에 흙을 떨어뜨리면 빗자루로 쓸어야 합니다.

제3초등학교의 행사에 관여하게 된 것은 언제부터인가요?

아이들이 학교에 다니기 시작해 PTA 활동에 참여하게 되면서입니다. 현재 제3초등학교의 학생 수는 23~24명 정도입니다. 우리 지구는 다른 지구보다 저출산이 더 진행되어 당시 학생은 11명밖에 없었습니다. 저보다 10여 년 선배들이 커뮤니티를 지키려고 필사적으로 애쓰고 있었죠. 제 동생도 같이 가업을 잇고 가정을 갖고 있기 때문에 한때 제3초등학교에는 야자와라는 성이 5명 있었던 적이 있습니다. 전교생의 반수 가까이가 저희 가족이거나 친척이었죠. 그런 한계 상태에서 학교를 지켜야 한다는 마음이 싹텄습니다.

구체적으로 어떤 일을 하시나요?

운동회 연습을 위해 사람을 모으고 참여하도록 권유하기도 합니다. 젊은이가 우리 지역에 이주했다는 이야기를 들으면 자녀가 초등학교에 다니고 아니고에 관계없이 '정말 재미있으니까 한 번 참여해 보세요' 하는 거죠. 그리고 졸업식도

School
학교
||
Community
커뮤니티

한번 보면 좋다고 권합니다. 지역 전체가 아이들을 기르기 때문에 감동적입니다. 커뮤니티의 유대는 대대로 물려받는 겁니다. 내 윗세대는 자신의 일이나 되는 듯이 그 이상의 열의를 갖고 좀 더 열성적으로 행사에 참여했습니다.

히가시카와 초등학교의 설립 당시 통폐합 이야기가 나왔다고 하던데.

저는 거기에 반대했습니다. 깨끗하고 커다란 학교가 좋다는 발상이 있겠지만, 당시 제3초등학교에 아이들을 보내고 있는 사람 모두 반대했습니다. 지역에 활기가 있는 것은 초등학교가 있기 때문입니다. 그런 의미에서도 모두 학교를 지키고 싶어 합니다.

제3초등학교의 학생 수가 이전보다 증가한 까닭은 무엇일까요?

제3지구에 주택지를 유치하여 어린이가 많이 증가한 해가 있었습니다. 다만 언제 또다시 감소할지 알 수 없죠. 자녀가 있는 사람을 외부에서 어떻게 불러들일지 주민센터와 자주 의논하면서 언제나 생각하는 문제입니다.
초등학교를 통폐합하느냐 마느냐의 경계선은 학생 수 15명입니다. 제3초등학교 또한 2~3년 후에는 거기에 걸리지도 모릅니다. 올해 졸업생은 4명, 내년에는 8명입니다. 그에 비해 입학하는 수는 1~2명밖에 예정이 없으니……. 이렇게 감소와 증가를 반복하는 거죠.

초등학교의 장래 과제는 무엇입니까?

이곳은 교육환경이 좋다고 봅니다. 다이세쓰잔을 바라보면서 지역민들이 지켜보는 가운데 쑥쑥 성장할 수 있습니다. 나머지는 이주하고 싶어질 만한 정보를 알리고 어린이를 증가시켜 가는 것이겠죠.

STANDARD 40

지역에서 영향을 주고받으며 '자신들의 스타일'을 쉼 없이 만들어 낸다

히가시카와 스타일의 하나의 계기가 되는 기타노스마이 설계회사

가구와 잡화를 중심으로 자연과 더불어 있는 생활을 제안하는 '기타노스마이 설계회사'는 '히가시카와다움'의 하나의 상징이다.

마을 사람들은 기타노스마이 설계회사의 스타일에서 영향을 받고, 한층 자신들의 스타일을 만들어 왔다. 그리고 공감에 의해 지탱되는 다종다양한 상업과 사업이 히가시카와에서 성장했다. 마을의 중심지에서 8킬로미터 정도 떨어진 산기슭에 있는 기타노스마이 설계회사는 1928년에 세워진 예전 초등학교 교사를 수리 · 증축했고, 자신들이 지속적으로 키우고 있는 숲에 둘러싸인 공방을 갖추고 있다. 별동에는 베이커리와 상점이 마련되어 눈이 많이 내리는 시기에도 멀리에서까지 끊임없이 관광객이 찾을 만큼 명소가 되고 있다.

심플하고 오래 사용할 수 있는 든든한 핸드메이드 가구 제작을 기본으로 잡화, 의류, 주택에 이르기까지 이상적인 라이프 스타일을 지속적으로 폭넓게 제안하고 있다.

풍요로운 숲 속에 위치한 기타노스마이 설계회사.

점포에는 엄선한 가구와 식품 등이 진열되어 있고 홋카이도 안팎에서 관광객이 끊이지 않는다.

별동에 마련된 공간은 하드계와 데니시 등을 중심으로 한 빵과 유기농 식자재를 판매하는 베이커리, 홋카이도에서 나는 계절 재료를 이용한 파스타 등을 즐길 수 있는 개방감 넘치는 카페로 구성되어 있다.

이곳을 찾는 주민과 마을 밖의 사람들은 세 가지를 깨닫게 된다.

자신의 생활을 재조명하는방문객들의 세 가지 깨달음

① 히가시카와의 풍요로운 라이프 스타일의 체험 = '이런 생활을 하고 싶다'
② 히가시카와의 입지에서 사업이 성립하는 비즈니스 모델 = '상업이 성립한다'
③ 지산지소형 업태 기업의 현실성 = '나도 할 수 있을 것 같다'

기타노스마이 설계회사의 대표 와타베 야스히로 씨는 약 30년 전에 공방을 꾸린 이후 스스로 배우고 본질을 탐구하는 가치관을 제품, 공방을 둘러싼 공간과 활동에 반영하여 그 신념을 일관하여 사업을 지속해 왔다. 오랜 세월에 걸친 사업 활동이 공감을 얻어 히가시카와에서 상업을 하는 사람들 중에는 기타노스마이 설계회사와 마찬가지로, 히가시카와에서 사업을 하는 것의 의미를 자신의 언어로 이야기하는 사람이 적지 않다.

기타노스마이 설계회사가 하나의 계기가 되어 히가시카와에서는 서로 영향을 주고받으며 자신들의 스타일을 만들어 내고 드높여 가는 관계가 지속되고 있는 것이다.

INTERVIEW

자신들의 스타일을 만들고, 좋다고 생각하는 물건과 생활을 표현하고 있습니다

와타베 야스히로(기타노스마이 설계회사 대표이사)

히가시카와에서 상업을 하는 사람 중에는 기타노스마이 설계회사와 마찬가지로 히가시카와에서 사업을 하는 의미를 각각 자신의 언어로 이야기하는 사람이 적지 않은 것이 인상적이다. 대표인 와타메 야스히로 씨는 히가시카와에서 무엇을 생각하고 표현해 왔을까.

이주해 온 당시에 대해 말씀해 주세요.

독립해서 얼마 안 되었을 무렵 가구를 제작할 수 있는 장소를 물색하고 있었는데 신뢰하고 있던 아티스트 지인이 히가시카와의 폐교가 비어 있다고 소개해 주었습니다. 호젓한 곳이지만 공방과 집을 꾸리기로 했죠. 낡은 학교 건물을 수리하고 남길 것은 남겨 가는 것을 우리 생활방식의 상징으로 만들기로 한 겁니다.

또 황폐하기 짝이 없는 이곳에서 숲을 조성하기로 결심했습니다. 숲이라는 것은 키가 큰 나무 아래에 작은 나무들이 있고 그 아래에 풀이 자라는 구조로 되어 있습니다. 그것이 자연스럽게 완성되어 들꽃이 피게 되기까지 경험하면서 기다리자고요.

북유럽 스타일의 가구를 전개하는 이유는 무엇인가요?

학생 시절 핀란드 선생님에게 가구 제작을 배워 북유럽을 방문할 기회가 있었습니다. 그곳은 따뜻한 계절이 짧아 나무도 풀도 약하고 생명이 짧죠. 그것을 소중하게 여기면서 생활하는 사람들을 보고 그야말로 풍요로운 생활이라고 생각했습니다.

그래서 스웨덴에서 디자이너를 1년 동안 초빙하여 같이 상품을 개발했습니다. 도쿄에서 전시회를 열었더니 놀랄 정도로 많은 사람이 모여들었고, '이런 가구는 본 적이 없다'는 평가를 받았죠. 당시에는 아직 진짜 서양식 가구가 일본에 뿌리내리지 못했거든요.

모노즈쿠리에 어떤 원칙을 갖고 계시나요?

사람의 생활은 자연과 더불어 있어야 한다는 생각을 줄곧 갖고 있습니다. 과학기술의 진보와는 별개로 환경에 유익한 모노즈쿠리를 하고 싶습니다. 그러므로 천연 소재만 사용할 것을 정해 두고 있습니다. 구체적으로는 우레탄 가공을 그만두고 스웨덴 디자이너에게 배운 오일피니시를 했습니다. 어설픈 생각으로는 세상의 커다란 흐름에 잡아먹히고 맙니다. 따라서 극단적이리만치 완전히 그만두었습니다. 잘못된 행동을 하는 게 아니라면 반드시 팔릴 날이 오

Higashikawa-ism
히가시카와 사고

리라고 믿었죠.

게다가 4~5년 전부터는 미국산 목재를 사용하지 않습니다. 전부 홋카이도산 나무로 가구를 만들고 집을 세운다는 도전이 제 인생의 마지막 장입니다. 이런 시대입니다. 모노즈쿠리를 하는 사람으로서 전달해야 하는 메시지가 있다면 그것은 바로 지산지소라고 생각합니다.

카페는 왜 오픈하셨나요?

처음에는 전시회에 출품한 가구를 선보이려고 집의 일부를 갤러리로 만들었습니다. 그러자 사람들이 많이 찾아와서 차를 대접했습니다. 그게 또 좋게 소문이 나서 사람들이 한층 더 찾아오게 되어 작은 티룸을 만들고…… 이렇게 필요에 맞추어 서서히 넓혀 온 산물입니다. 의도해서 한 것은 없죠.

히가시카와에서 모노즈쿠리를 하는 의미는 무엇인가요?

지금까지 커다란 결단을 할 때에는 감이라고 할까, 분위기라고 할까 시대의 변천을 절감했습니다. 그것이 가능한 것은 이곳의 자연 속에 있기 때문이라고 생각합니다. 그리고 히가시카와의 깨끗한 지하수를 마시며 살고 있는 것이 정신에 미치는 영향은 지대합니다.

최근에는 '정진'이라는 말을 좋아합니다. 하루하루가 수행과도 같습니다. 'Made in Hokkaido'를 한 걸음 한 걸음 연마해 가고 싶습니다.

히가시카와에 새로운 상점이 생겨나는 것은 어떻게 보시나요?

히가시카와에서 상점을 내고 있는 지인들을 보면 생각하는 것들이 비슷해요. 사업을 크게 키우고 붐을 일으키려고 하기보다 자신들의 스타일을 만들고 좋다고 생각하는 물건과 생활을 표현하려고 합니다.

그런 사람들이 하나둘 늘어나고 있습니다. 세대가 다르긴 하지만 우리 부부는 느낌이 좋다고 이야기하곤 합니다.

히가시카와라는 장소

2011년 11월 히가시카와초를 방문하고 나서 이곳의 신기한 매력에 사로잡혔다. 하지만 히가시카와를 제삼자에게 전하려고 할 때 적합한 말을 찾을 수가 없다. 매력적인 사람들, 세련된 카페와 편집숍, 아사히다케와 전원 풍경이 빚어내는 사계절, 천연수, 사진의 마을 등 다양한 매력을 말로 설명하려고 하지만 적확하게 전달할 수 없는 답답함을 언제나 느껴 왔다.

마을 관계자에게 어떻게 이런 마을이 되었느냐고 물어도 그 설명에는 모호함이 남아 나의 의문은 해소되지 않았다. 그렇다면 이 매력을 전달하기 위해 실제로 보여 주어야겠다고 생각해 히가시카와초 주민센터의 여러분에게 협력을 구해 한 사람, 두 사람 관심을 가져 준 지인들을 안내하며, 그 과정에서 토론을 거듭하면서 히가시카와의 매력을 제대로 전달하는 방법을 모색해 왔다. 모색을 계속하는 가운데 그 과정이야말로 앞으로의 마을 만들기의 힌트가 되지 않을까 하는 생각에 이르렀다. 그런 깨달음에서 히가시카와 프로젝트는 시작되었다.

먼저 히가시카와의 신비함을 밝히기 위해 다양한 사람을 취재했다. 그곳에서의 깨달음을 더욱 깊이 파고들기 위해 또다시 새로운 사람을 소개받아 취재하기를 되풀이했다.

'히가시카와 매력의 수수께끼를 풀고 싶다.'

정신을 차리고 보니 어느덧 실로 100명 가까운 사람들과 만나 대화를 나누었다.

인터뷰를 허락해 주신 분들은 입을 모아 '히가시카와에서 생활하는 것'의 가치, '히가시카와다움'에 대한 자신들만의 원칙을 이야기했다. 거기에는 '히가시카와다움'이라는 공유가치가 있었다. 사진의 마을 선언으로부터 30년이 흘러 이 행사는 지역 자원을 갈고닦으면서 사람과 사람의 관계에 의한 '히가시카와다움'이라는 공유가치를 창조한 것이다.

'공유가치'라는 것은 이해하기 어려운 말이지만, 히가시카와 사람들의 행동을 관찰하면 저절로 떠오르는 '스타일'이라고 바꾸어 말하면 이해하기 쉬울 것이다. 스타일의 사전적 의미는 "몸가짐, 복식이나 머리 등의 모양, 건축 · 미술 · 음악 등의 양식, 문학작품의 표현 형식, 개인이나 집단 등의 고유한 사고방식이나 행동 방식"이다. 즉 스타일은 개인이나 집단의 고유한 가치와 그 본연의 모습을 표현한다. 예를 들어 북유럽 스타일이라고 하면 떠오르는 이미지가 있을 것이다.

말로 설명하기 어려운 '히가시카와다움'을 히가시카와에 고유한 사고방식과 행동방식으로서, 즉 히가시카와 스타일로서 보도록 관점을 바꾸어 보았다. 그러자 히가시카와에서 생활하는 사람들의 풍요로운 라이프 스타일, 사진의 마을 선언을 계기로 탈공무원 발상을 내세워 기지에 찬 제도를 설계하는 관공서 스타일, 주민센터 · 일본농업협동조합 · 상공회 · 자원봉사단체 · NPO 등이 히가시카와다움을 추구하고 대처하는 협동 스타일 등 다양한 스타일이 기능함으로써 독자적인 작은 생태계를 형성하고 있다는 사실을 깨달았다.

그 스타일을 힌트로 스탠더드(가치기준)로서 정리하려는 시도의 도정은 험난했다. 그때 커다란 도움을 준 이들이 히가시카와에 거주하는 아티스트들이었다. 히가시카와를 사랑하는 아티스트들은 도쿄에 살며 한 달에 한 번 정도밖에 현지를 방문할 수 없는 우리와 같이 달리며 우리와 같이 만들어 주었다. 그들의 재능이 이 책에 가치를 부여해 주고 있다. 이 책 자체가 '히가시카와 스타일'의 산물, 공동창조의 한 예라고 말할 수 있다.

「히가시카와 스타일」에서 다룬 미래 사회의 가치기준(스탠더드)은 독자 여러분의 가치기준과 비교해 볼 때 어떤 생각을 갖게 할까. 만약 관심을 갖게 되었다면, 또 히가시카와를 가본 적이 없다면 꼭 실제로 찾아가 보기 바란다. 책의 뒤에 일부 점포의 리스트를 소개하고 있는데, 주민센터와 관광협회, 개성 넘치는 상점의 홈페이지와 SNS 등도 찾아보기 바란다. 거기에서 당신의 마을 만들기 여행, 마을과 공동창조하는 여행이 시작된다.

이 책을 집필할 때 히가시카와초의 많은 분이 취재에 협력해 주고 의견을 교환하고 유익한 조언을 해주었다. 이 책을 완성할 수 있었던 것은 히가시카와의 여러분 덕분이다. 마음으로부터 감사를 전하고 싶다.

2016년 3월

고지마 도시아키

DAILY LIFE
of
HIGASHIKAWA

히가시카와의 일상

히가시카와에서는 일상의 일이지만
다른 마을에서는 일상이 아닌 것,
히가시카와만의 특별한 '일상'을 소개한다.

01

DAILY LIFE
of
HIGASHIKAWA

어린이들은 마을에서 만든 나무 가구에 둘러싸여 성장한다

히가시카와에서는 마을의 공예 장인들이 태어난 아이에게 선물하는 의자와
초등학교 책상을 만든다. 수준 높은 수작업이 건강한 성장을 지켜본다.

팜 레라의 달걀
데메테르의
베이글과 영국빵
마메야의 두유롤
티룸 토무테의 잼

02

DAILY LIFE
of
HIGASHIKAWA

마을 내에서 식자재를 모으면 최고의 아침식사를 할 수 있다

마을에는 소재부터 엄선하여 맛을 추구하는 상점이 많이 있다.
히가시카와에서 나는 것들로만 아침식사를 차리면 하루의 시작이 고급 호텔보다 호사스럽다.

03

DAILY LIFE
of
HIGASHIKAWA

01
[DEMETER]
CHOCOLATE CAKE

02
[TEKAGO]
SNOW BALL

안전한 재료로 만든 디저트에는 부족함이 없다

베이커리와 디저트 가게가 많은 히가시카와에서는 마음에도 몸에도 좋은 디저트를 언제든지 살 수 있다. 어른도 아이도 매일 티타임을 기다린다.

03
[TENGETSUAN]
KINU ROLL

04
[&DONUT]
GRAHAM DONUT

04

DAILY LIFE
of
HIGASHIKAWA

겨울에는 난로에 장작을 지피며 여유롭게 지낸다

북쪽 지방의 생활에 어울리는 것은 온기가 있는 장작 난로.
히가시카와에서는 긴 겨울을 마음 넉넉하게 지내기 위해
장작 난로를 설치하고 있는 가정과 상점이 많다.

[YOSHINORI COFFEE]
SHOP & HOME

[YAMAtune]
SHOP

[THE YAMAGUCHI RESIDENCE]
HOME

[SHINRIN TAIKEN KENSHU CENTER]
PUBLIC SPACE

[ROASTER COASTER]
SHOP

[THE MAYTSUZAWA RESIDENCE]
HOME

Kitoushi
2014

05

DAILY LIFE
of
HIGASHIKAWA

보졸레도 좋지만 기토우시의 해금을 기다린다

기토우시 산기슭에서 자란 포도로 만든 와인 기토우시.
해마다 해금되는 계절이 되면 마을 사람들은 이곳에서만 맛볼 수 있는 와인으로 건배한다.

SHOP LIST

히가시카와 스타일 숍 & 음식점 리스트

*는 마을의 창업지원제도를 이용한 곳

01 카페 | 2014

로스터 코스터 Roster Coster

로스터링 커피

02 카페 | 2002

티룸 톰테 Tea room TOMTE

갤러리, 카페(내부에 스튜디오 K&M)

03 카페 | 2005*

도그 카페 서니스폿

ドッグカフェサニースポット

애견 카페

04 카페 | 2010*

라쿠다 카페 RAKUDA Café

카페

05 카페 | 2014*

더 로켓 카페 The Rocket Cafe

카페

06 카페 | 2015*

요시노리 커피 ヨシノリコーヒー

자가 로스터링 커피

07 카페 | 2015

이케노호토리 CAFE HANA 池のほとり

카페(리조무공방 理創夢工房 옆)

08 복합 | 2014

쓰키노온가에시 月の恩返し

빈티지 물건 판매, 카페

09 복합 | 1985

기타노스마이 설계회사

北の住まい設計社

잡화 등 판매, 카페, 인테리어, 가구

10 베이커리 | 2002

빵공방 메르헨 パン工房 メルヘン

히가시카와쌀 쌀가루 빵

⑪ 베이커리 | 2008*

데메테르 DEMETER

빵, 구움과자

⑫ 베이커리 | 2010*

마메야 まめや

수제 효모빵

⑬ 식당 · 레스토랑 | 2011*

사누키 우동 지유키 讃岐うどん千幸

우동

⑬ 식당 · 레스토랑 | 2011*

피자테이 ピッツア亭

돌가마 피자

⑭ 과자점 | 1958*

덴게쓰안 ↘月庵

히가시카와쌀 쌀가루 시폰케이크, 바움쿠헨

⑮ 과자점 | 2014

테카고 tekago

구움과자

⑯ 과자점 | 2015*

앤드 도넛 &DONUT

도넛

⑰ 식당 · 레스토랑

고농가 고로소

古農家GOLOSO

이탈리안

⑱ 식당 · 레스토랑 | 1998

고구마그룹 아사히카와라멘 히가시카와점

こぐまグループ旭川ラーメン東川店

라멘

⑲ 식당 · 레스토랑 | 1986

잇큐산 一休さん

라멘

⑳ 식당 · 레스토랑 | 1982

라멘전문점 에조

ラーメン専門店 蝦夷

라멘

㉑ 식당 · 레스토랑 | 2001

정식 오카메

定食おかめ

감자 옹심이국 외 정식

㉒ 식당 · 레스토랑 | 1976

히가시카와라쿠자 사사이치

東川樂座 笹一

생선초밥, 라멘 외 정식

㉓ 식당 · 레스토랑 | 2012*

온더테이블 on the table

점심, 카페(야간에는 바)

㉓ 판매점 | 2012*

레스 Less

편집숍(가구, 의류, 도서 등)

㉔ 식당 · 레스토랑 | 2012*

노마드 ノマド

점심, 카페

㉕ 식당 · 레스토랑 2011*

나쓰 카페 natsuかふぇ

점심

㉖ 식당 · 레스토랑 | 2005*

니시노야 西乃屋

생선초밥

㉗ 식당 · 레스토랑 | 2010

고코린식당 ここりん食堂

점심(평일 11 : 30 ~ 13 : 00)

㉘ 식당 · 레스토랑 | 2014*

이시우스 소바 부나 石臼蕎麥 撫

메밀국수

㉙ 식당 · 레스토랑 | 2015

와인 카페 베레종 wine café veraison

이탈리안, 와인바

㉚ 식당 · 레스토랑 | 2015

하루키친 ハルキッチン

오븐구이 카레

㉛ 판매점 | 2009*

솔트 SALT

편집숍(의류, 아웃도어 용품 등)

㉜ 판매점 | 2012*

몽벨 다이세쓰 히가시카와점

モンベル大雪ひがしかわ店

아웃도어숍

㉝ 판매점

야마쓰네 다이세쓰잔점

YAMAtune 大雪山店

양말 안테나숍

㉞ 판매점

겐마이오무스비 자미세

玄米おむすびちゃみせ

주먹밥

35 판매점

오치 게이코노 지만노 아지

越智恵子のじまんの味

절임류

36 판매점 | 1946

히라타 도후텐 平田とうふ店

두부

37 판매점 | 1924

히라타 고지텐 平田こうじ店

된장, 누룩

38 판매점 | 2003

와라에 我良笑

반찬

39 판매점 | 1927

미야자키 도후텐 宮崎豆腐店

두부

40 판매점

도하치 스토어 東八ストアー

히가시카와산 천연꿀

41 판매점 | 2011*

아오이모리 あおい杜

베이컨, 훈연 제품

42 판매점 | 2015

파반티 pava-nti

의류 수선 및 리메이크

43 주점 | 1997

이자카야리시리 居酒屋りしり

44 주점 | 1975

이자카야타이쇼 居酒屋大蔣

44 주점 | 1986

스낵 이스트리버 하우스

スナックイーストリバーハウス

45 주점

스낵 가즈키 スナック和樹

MAP SCALE 01

히가시카와 중심가

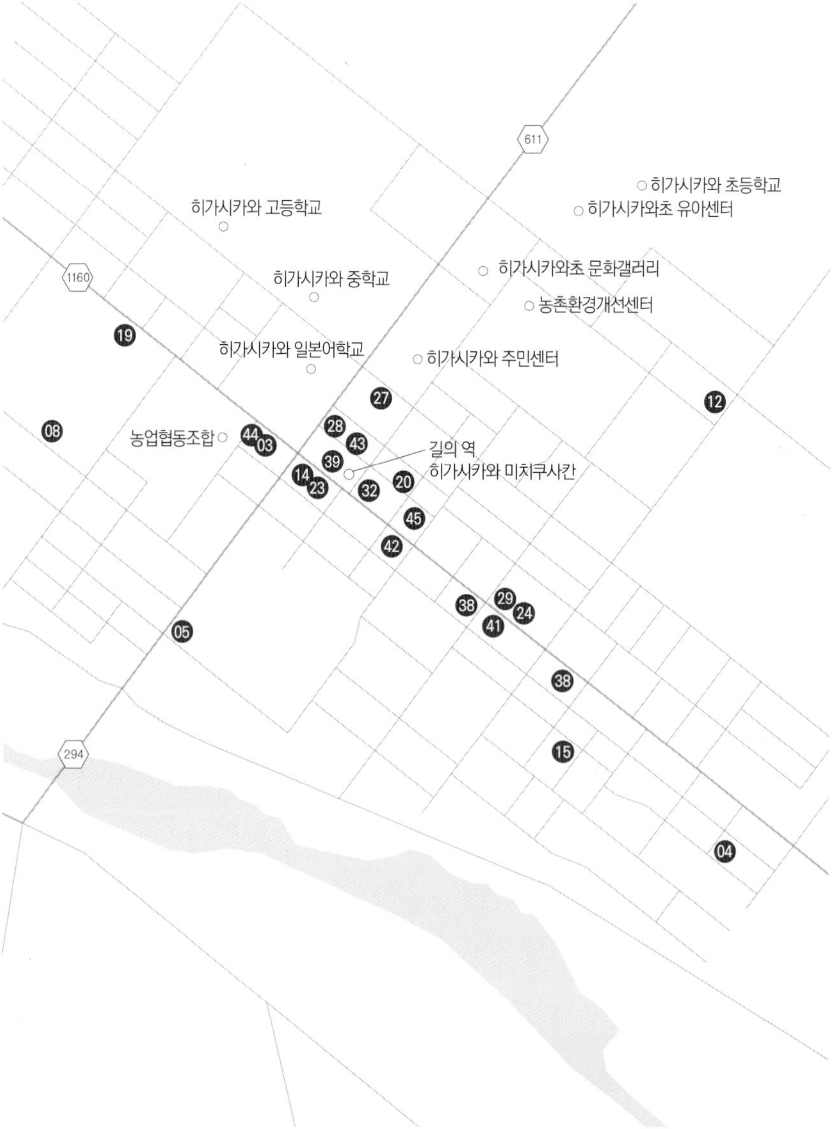

MAP SCALE 02

히가시카와

다마무라 마사토시(玉村雅敏)

게이오기주쿠대학 종합정책학부 교수. 게이오의숙대학 종합정책학부 졸업, 동 대학원 정책 · 미디어연구과 박사과정, 지바상과대학 정책정보학부 조교수 등을 거쳤으며 소셜마케팅, 공공경영, 평가 시스템 설계 등이 전문 분야이다. 니가타시 정책개혁본부 어드바이저, 문부과학성 과학기술 · 학술정책연구소 객원연구관, 요코스카시 정책연구 전문위원 등을 지냈다. 저서로는 『소셜 파워의 시대』, 『소셜 임팩트』(공저), 『지역을 바꾸는 뮤지엄』(공저), 『사회 이노베이션의 과학』, 『주민 행복도에 기초한 도시의 실력 평가』 등이 있다.

고지마 도시아키(小島敏明)

게이오기주쿠대학 대학원 정책 · 미디어 연구과 특임교수, 노무라공예사 영업개발본부 기획개발부 부장. 유통 관련 컨설턴트 사무소, 마케팅 회사를 거쳐 노무라공예사에 입사했고 플래닝 디렉터로서 기업 PR 시설, 레저 시설, 테마파크, 복합문화시설 등의 프로젝트에 참여했다. 또한 신규 사업 개발 · 사업 전략을 담당하는 한편, 게이오기주쿠대학 SFC연구소에서 장소를 기점으로 하는 마케팅, 이노베이션에 관한 연구를 진행했다. 저서로는 『소셜 임팩트』(공저), 『Think! 2013 겨울호』, 『지역을 바꾸는 뮤지엄』(공저) 등이 있다.

편집 및 글쓴이

요시다 마오(吉田眞緖)

라이터이자 편집자. 와세다대학 제2문학부를 졸업했고 서적과 잡지를 중심으로 다양한 매체의 취재 및 집필을 하는 외에 기획과 제작까지 해내고 있다. 현재는 '지역', '커뮤니티'를 테마로 한 인물을 취재하고 있다.

옮긴이

민성원

대학을 두 번 다니느라 남들보다 늦은 나이에 출판계에 발을 디딘 후 줄곧 책 만드는 일을 하는 한편 간간이 일본어 번역을 해왔다. 책을 옮길 때면 해석에 그치는 건 아닌지 스스로 의문을 가진다. 이 책을 번역하며 히가시카와에 매료되어 직접 찾아가 보려 작정했지만 상황이 그렇지 못해 실현할 날을 기다리고 있다. 옮긴 책으로는 『도쿄 골목골목 누비기』, 『프라하 골목골목 누비기』, 『심플 인테리어 레시피』 외 여러 권이 있다.

히가시카와 스타일 Higashikawa Style

초판 1쇄 발행 2020년 12월 24일

편저자 다마무라 마사토시 · 고지마 도시아키
옮긴이 민성원
편집 · 디자인 이현미
펴낸이 고화숙
펴낸곳 도서출판 소화
주소 서울시 영등포구 버드나루로 69
전화 02-2677-5890(대표)
팩스 02-2636-6393
홈페이지 www.sowha.com
출판등록 제13-412호

ISBN 978-89-8410-508-9 13330

값 15,000원